ひとりよがりのものさし

坂田和實

新潮社

ひとりよがりのものさし　目次

まえがき　8
01 ボロ布　10
02 ドゴン族の柱と扉　13
03 平瓦　16
04 花をいける　19
05 ブリキのヒコーキ　22
06 アフリカの石像　24
07 葉書と文机　26
08 李朝白磁とデルフト白釉　28
09 アフリカの通貨　31
10 西洋カルタ　34
11 西アフリカの土偶　36
12 うなぎ取りと針金　38
13 樹皮布と楯　40
14 ポルトガル人形と陶板像　42
15 厨子　44
16 ヨーロッパのテーブルウェア　47
17 ペルーの大布　50
18 弥生とヨルダンの土器　52
19 そば猪口　55
20 エチオピアの聖書　58
21 脱穀機と蜂集め籠　60
22 南アフリカのスカート　62
23 日本地図　64
24 銅製経筒とブリキの茶缶　66

25 ダンボールの家 68
26 風見 70
27 石皿 72
28 ロシアイコン 74
29 アフリカの面 76
30 オランダ徳利と盃 78
31 時計 80
32 李朝の漆工品 82
33 書 84
34 イタリアの刺繡裂 86
35 イヌイットのお守り 88
36 木彫聖者像 90
37 ウインザーチェア 92

38 灯火器 94
39 螺旋階段用ガード 96
40 帽子 98
41 虫籠 100
42 現代陶芸 102
43 コプト裂 104
44 車箪笥 106
45 ティースプーン 108
46 埴輪 110
47 板 112
48 供養塔 114
49 パチンコ台 116
50 美術館 as it is 118

東京・目白「古道具坂田」にて

題字　坂田和實
撮影　筒口直弘　広瀬達郎（14、92、95頁）
装幀　大野リサ　川島弘世

ひとりよがりのものさし

まえがき

小さい頃、自分が好きだと思う品物と友達が選ぶものとがずいぶんとかけ離れていて、何か自分の感覚に欠陥でもあるのではと思い悩んだこともある。

しかし、人は皆違う人格を持つのだから、その選択が異なるのは当たりまえ。僕達は美術や骨董という、日常生活から少し離れたものに対する時、使い慣れた一人一人のモノサシを放り出し、西洋の人達の美術史や、昔の日本のお茶人の美意識に頼りきってきたようだ。

西洋の美術は、あの乾燥した地中海の強い光の中でこそ成り立つ

もの。湿気が多い日本の、障子を通した柔らかい光の中ではトテモ、トテモ。又、死と対峙し、余分なものを削ぎ落として道を究めた初期茶人の見事な精神も、僕のように縁側でセンベイバリバリ、番茶ズルズル派の人間にはしょせん無理。

美しさは知識からは見えてこない。自由な眼と柔らかな心がその扉を開く鍵らしい。ムツかしい理論よサヨウナラ。高い品物の中にしか美しいものがないと信じている人、ゴクロウさま。

僕はせいぜい寝っころがりながら、自分のモノサシに油を塗り、使い込んで柔らかくして、何んともない身のまわりの工芸品から美しいものを選択して行こう。それは又、自分自身を確立し、歩こうとする道を明らかにすることでもあるはずだ。

01

ボロ布

[右頁]木綿布団地　日本　20世紀
[左頁]ラフィア布
ザイール(現コンゴ民主共和国)　20世紀

十年程前の

或る日、アメリカの美術館で永く染織関係の学芸員を務め、その後古い布裂を扱う業者になって活躍していた女性が訪ねてきた。ラフィアヤシの繊維で織られたザイールの布の展覧会を東京で開くという。この布はクレーやマチス達が最初に取り上げ、今ではニューヨークの近代美術館や大英博物館でも収集しているもの。彼女が付けた展覧会のタイトルは「マチスの秘密」。ある時、マチスのアトリエの写真を眺めていて、そこに飾られていたこの布に創作の秘密を見て取ったというわけだ。

オモシロイことに、新しく発見される美しいものは、最初に作り手の人達に、次に革新性を持つ美術館やコレクターに見いだされ、評価が確定してくると美術評論家の方々や大美術館が遅ればせながら登場する。

彼女が展覧会の話を切り出した時、アフリカの布と対等に勝負できる日本の布は何んだろうと考えた。どうも上代や戦国時代の上手《じょうて》の布ではなさそうだ。この強くてモダンな美しさに向かい合うことができるのは、むしろ庶民が日常生活で使いに使いきった布。当て布で補修しながらもなお使い続けた藍染木綿の野良着や布団地に違いない。

かつて僕は野良着の展覧会をしたことがある。少しずつ集めた百点程を店に並べた。余り傷んでないものやツギハギだらけのものなど色々だが、さて飾ろうとすると、襤褸《ぼろ》布のほうが断然美しい。そこでそちらを大きく広げて、傷んでない布はたたんで隅に重ねておいた。思いきって値段も襤褸布を高くした。そして開店。いきなり客の一人が「ちょっと」と手招きする。ナンダナンダと緊張しながら一緒に店の外に出ると、小声で「値段が逆ですよ」。同業者の有難いお言葉、ですがこちらは確信犯。

その昔、仏教修行僧の衣は糞掃衣《ふんぞうえ》であったと言う。人々が使い古して、最後に人糞を拭いて棄てた布を拾い集め、つなぎ合わせたものだ。イタリアのアッシジの僧院に保管されている中世の僧衣も、襤褸布のツギハギ。

先日、輪島塗をやっている友人が、きっと好きだろうからと雑巾を送ってくれた。使われた布の最後の姿、これも又美しい。

ボロボロのもの、壊れたものになぜだか惹かれてしまう僕を、フランス人の或る業者は「デストロイヤー」と呼んでいます。

（一九九九・一）

［上］麻の雑巾　江戸時代の着物を裁断したもの

02

ドゴン族の柱と扉

ドゴン族集会所の柱　マリ　20世紀　木　高１２０cm

西アフリカ、

マリ共和国に住むドゴン族の村は、切り立った崖にある。神話の世界に生きる彼らの造形は何んとも魅力的なものが多い。ひと昔前にピカソ等が集めていた東アフリカの真っ黒なグロテスク系とは異なる、シンプルな白モノ。

最初にドゴン族のものを見たのは、二十数年前に出光美術館で開かれた「アンドレ・マルローの空想美術館」展でのことだった。会場にはマルローの暮した部屋が再現してあり、壁にドゴンのマスクが掛けられていたと思う。「思う」というのは、この展覧会はずいぶんと昔のことだし、マルローならきっとドゴンの造形の美に気づいて空想美術館に取り上げたに違いないと、僕が勝手に思い込んでいるだけかもしれないから。

十三頁はドゴン族の長老が集まる集会所の柱。下部は土中に埋められ、上部の二股で草屋根を支える。この柱はパリのミッシェルさんの店で見つけた。彼はまだ誰も気づかない美しいものを捜し出してくる天才で、見せ方も実にウマい。本人に言わせれば、それこそがアート・ディーラーの本来の仕事であり、価値の定まった品物を右から左に動かすのはただのブローカー。そう言うことは易しいが実際に彼のようにできるかと言えば怖くて難しい。

日本では戦国の時代、千利休が選択と取り合わせの絶妙な美を人々に提示した。あの時代、何が美しいかを明確にすることは死にもつながることだった。利休がいなければ、後の日本の美術鑑賞はつまらぬものになってしまっただろう。

僕とあなたは違う人間。同じものを同じくらい好きということはあり得ない。今の時代、何が好きかを明確にしても切腹させられることはないのだから、一人一人が自分の責任で何が好きなのか、つまりはどんな道を歩きたいのかを声高く言い続けなくてはいけないと僕は思う。

あなたは何が好きですか？　ルイ・ヴィトンのバッグにティファニーの宝石にマクドナルドのハンバーガー？　アッ、ソウ……。

（一九九九・一）

ドゴン族の梯子（右）と穀物倉庫の扉
マリ　20世紀　木　長182cm（梯子）

［右頁］ドゴン族住居の扉　マリ
20世紀　木　高213cm

03

平瓦

平瓦　奈良時代(8世紀)　27×36cm

道具屋を

始めて三十年近く、たくさんの焼物を見てきたが、いちばん好きなのは奈良時代の平瓦である。布目と叩き目が残る表面の土っぽさ、ザラッとした手ざわり、そして何より、あのソリのある美しいフォルムがたまらない。

鐙瓦や軒平瓦など、文様のある瓦は昔から研究されてきたし、コレクターも多い。しかし有難いことに、無釉の無骨な平瓦は永い間見過ごされ無視され続けてきた。そんな何んともない平瓦は、無理して床の間に飾り、かしこまって鑑賞するのはやめにして、こちらはゴロリと横になり本でも読みながら、瓦に花一輪を置いたり、時にはオニギリをのせたりして気楽につきあいたい。

瓦の製法は飛鳥時代に朝鮮から瓦博士がやってきて日本人に教えてくれた。その後、日本の瓦づくりはずいぶん進歩したけれど、教えてくれた先生の国ではずっと古代の製法を守り続けたらしい。

このあいだ、ソウルで平瓦の山を見つけた時は嬉しかった。型で成形したはずなのに大きさは不揃いで、厚さもまちまちなのはいかにも李朝のものらしいが、手にズシリとくる重さ、おおらかなフォルムはたしかに先祖の姿。値段は嘘みたいに安い。だが、買ったはいいが持ち出せるのか。

文化財の持ち出しを韓国政府は原則禁止している。道具屋の主人に相談すると一瞬キョトン、後は何んだか大笑い。

「文化財？　アッハッハー」と指さすほうには外に積まれた瓦の山。つまり誰も盗らない粗大ゴミ。それをまとめて処分してくれる不思議な日本人が現われたのだから、笑いが止まらないのもムリはない。

瓦は無事日本に到着。でもそれからがたいへん。瓦一枚が四、五キロ、それが四十枚近く入った木箱は重すぎてトラックから下ろせない。しかたないので一枚ずつ運んだが、運転手は怒りだすし、こちらは腰が痛くなるしでナルホド、こんな重いものを何万枚も屋根に乗せた奈良や朝鮮の寺は立派なわけだ。

瓦が着いた二、三ヶ月後、ソウルの道具屋から電話があった。主人のお母さん（日本語が話せる）である。

「サカナさん、あなたの好きなヒラガワラ見つけたヨ。まだ屋根の上だけど、そのうち店に入るから。色？　色は青、いや空色。きれいな色だヨ。……オヤ、あまり気乗りしないみたいだね。たしかにヒラガワラだヨ！」

「モシモシ、お母さん！　僕の名前はサカタさん、魚さんじゃないヨ。もうボチボチ覚えてネ」

空色の瓦は買わなかったけれど、ソウルの家族の優しさが嬉しかった。

（一九九九・三）

瓦に山吹の枝を敷き、おにぎりをのせる

平瓦　李朝時代（18世紀）

04

花をいける

花＝小手毬、貝母(ばいも)
器＝砥石入　フランス　20世紀　木　高23.5cm

もうずっと

前から、店に花をいけている。むろん素人の勝手流だが、それでも花が絶えると、何んとなくさびしい。

左頁の花入は朝鮮の祭器である。農具のかたち（鍬《くわ》の刃か）をしているが、実際に使ったわけではなく、五穀豊穣を祈って土に埋めたものらしい。前頁の花入は砥石入れで、ピレネーの杣人《そまびと》が腰に下げていたものという。

どちらも花入に、と思って買った。花がなければ何の変哲もないただの鉄であり、木である。でもその控えめなかたちと落着いた色が花を引きたててくれている。謙譲の徳、相互作用の妙というものだろうか。

花＝椿、沈丁花、撫子、木五倍子（きぶし）、満天星（どうだんつつじ）
器＝炬燵の火屋　日本　20世紀　鉄　36×36cm

ふたつの道具をみていて、昔読んだ長田新太郎さんの本のあとがきを思いだした。

「古い時代のもの程優れているのは何故か（略）昔の人の作品は神々を喜ばすために作られたものであった。ところが次の時代、西欧ではローマ、我国では鎌倉時代の作品からは人間をよろこばすためのものとなった」（『古美術の形と心』）

朝鮮の祭器はまさに神のための道具であり、用に徹したフランスの砥石入れも「人間をよろこばすためのもの」ではないだろう。そこに美しさの秘密がかくされている。

染色家と建築家の友人がいる。二人を引きあわせた時、どちらも才能のある人だから、パチパチと火花が散った。ケンカにならなきゃいいな、と思う反面、まあ大丈夫だろうと安心していた。というのは、二人の奥さんはともに包容力のある優しい人だったし、彼女達がついてさえいれば滅多なことにはならない、そう思っていたから。

後日、染色家の夫婦が、作家にとっていちばん大切なアトリエの設計を建築家に頼んだと聞いて嬉しかった。その晩は夫婦の組合せの妙ということを酒の肴に、つれあいと飲んだ。

花をいけるのも同じで、器との相性が大事なのだろう。とくに僕のような素人には、花の良さを引きだしてくれるモノがいい。そうした道具は、完成し洗練された上手《じょうて》のものより、うっかり見落してしまいそうな、ふだんづかいの下手《げて》のものに多い。

花入もつれあいも振袖姿の美人よりは、木綿の似あうような、つつしみ深くて人情味あふれる下手のものがいい。又僕自身が、そうありたいと思っている。

（一九九九・四）

[左頁]花＝椿
器＝鋳鉄製祭器　朝鮮　高22.5cm

ブリキ製玩具　20世紀　27×36cm

05

ブリキのヒコーキ

数日前、ソウルから帰ってきた。

成田からの帰り道、前を走るスポーツカーを見て、この短い旅で感じていた失望の理由がやっと飲みこめた。ソウルで見かけた車のデザインが何んともつまらなかったのだ。一見高級車風の黒っぽいセダン型が多く、あとはチャチなトラック。車内は装飾過剰気味のツルピカ感覚、座席には白いレース。バンパーには傷よけのゴムが貼ってある。日本でも、汚れるからと靴をスリッパに履きかえて軽自動車に乗せられたことがあるけれど、韓国でも車内のインテリアを自分好みの居間のようにする人が多いらしい。

外国に出掛けた時の僕の一番の楽しみは、街なかを走っている車を眺めること。でもソウルでは、そうした無料の楽しみをすっかり忘れていた。その点、西欧の街は楽しい。トラックはトラックらしく正々堂々頑丈そうで、ひたすらシンプルなデザイン。色もメタリック系でなく普通のペンキ色。それに何んたって遊び心いっぱいのスポーツカーが走っている。この手の車を持ったことがない僕がいうのもナニなんですが、ひょっとして、その国の文化の深さは、巨大な音楽堂や立派な美術館をいくつも持つことではなく、街を走るスポーツカーの台数なんかにポロリとあらわれてしまうものかも知れない。

亡くなった伊丹十三さんは、若い頃英国で新しいスポーツカーを手に入れた時、しばらく路上に放置し汚れるのを待って、おもむろにイタリア旅行に出発したと聞くし、昔の英国貴族の家には、主人のために新しい背広や靴を馴らしておく係がいたとか。これこそダンディズムの極致。新品をガチガチに気負って使い、ヒケらかすなどヤボ天さん。

そういえば僕だって小さい頃、真っ白なズックを買ってもらった時などは恥ずかしくて、汚してから履いていた。しかし田舎の少年だった僕の話は次元が低くて何んとなくサミシイ。

今回はヨーロッパ製のブリキのオモチャ二点。いかにも速く走り、気持よく大空を飛びそう。我が日本の代表は子供用三輪車。決してヨーロッパ製には負けていない。

（一九九九・五）

ブリキ製玩具　20世紀　長12.7cm

三輪車　日本　20世紀　高52cm

06

アフリカの石像

先日、銀座に用で出掛けた折、若い人から個展の案内状を貰っていたのを思い出し、会場を訪ねた。彼は美大受験の予備校生のころ、僕のところで二日間程アルバイトをしたことがあり、その後、美術大学、大学院へ進学、卒業後はアルバイトをしながら年一回の個展を続けているという。進む道を自分自身の手で切り拓いて行こうとする若い作家の人達は、まあ大方こういうものなのだろう。

会場のギャラリーは有名なところなので、はて、とは思っていたが、案の定、行ってみるとそのギャラリーの地下の小さな空間を借りての個展で、暗い階段を下りて行くと、誰もいない会場の入口に、彼はずいぶんと気負った風情で両足を踏んばって立っていた。

どんなに小さな個展であろうとも作家にとってのそれは、自身の内にある思いをしっかりと見据え、具体的な形として皆の前に提示し、結果を個人として背負って行くということであろうから、それは自分の個展の会場で全ての冠や勲章や上着を取り払い、お立ち台の上に裸で立ち続けることを意味するのだろう。

ずいぶん前に高名な絵描きの方が、裸の真剣勝負の個展会場で、田舎の小学校時代の友達に声を掛けられた時の妙に何んだか切なく、気恥ずかしい気持を文章にされていて、僕は読みながら大拍手したのを覚えている。きっとエッホン、オッホンと咳をしながら、急ぎズボンや上着を取り出し、体勢を立て直さないと会場では立ち続けられないだろう。だけど僕はこういう作家や、彼らが作る作品を充分に信用して良いと思うし、又こういう人達でないと人の心を動かす作品は作れないとも思う。

作家にとって作品を作り出すことが自分をさらけ出す直接的な行為ならば、古道具屋という僕の仕事は、作られたものを選択するという、どこか間接的なものかも知れない。が、作家の人達が裸で会場に立つのなら、僕は遅ればせながらフンドシいっちょの気構えで立ち続けたい。

写真は十二～十六世紀頃の西アフリカ、ブルキナ－ファソ国の石像。顔のあるもの、ないもの、幾何学文様のものなどいろいろある。祭祀用かも知れないし、墓標という人もいる。近年発掘されて未だ何の評価もないものだけど、この無冠の石像を見て、まだ無名の、しかし前途ある、若い作家を思った。

（一九九九・六）

石像（部分）　ブルキナ－ファソ　12～16世紀頃　高39.5cm

［左頁］石像　ブルキナ－ファソ　12～16世紀頃　高52cm

07

葉書と文机

文机　江戸時代（19世紀）　杉　29×75×22cm

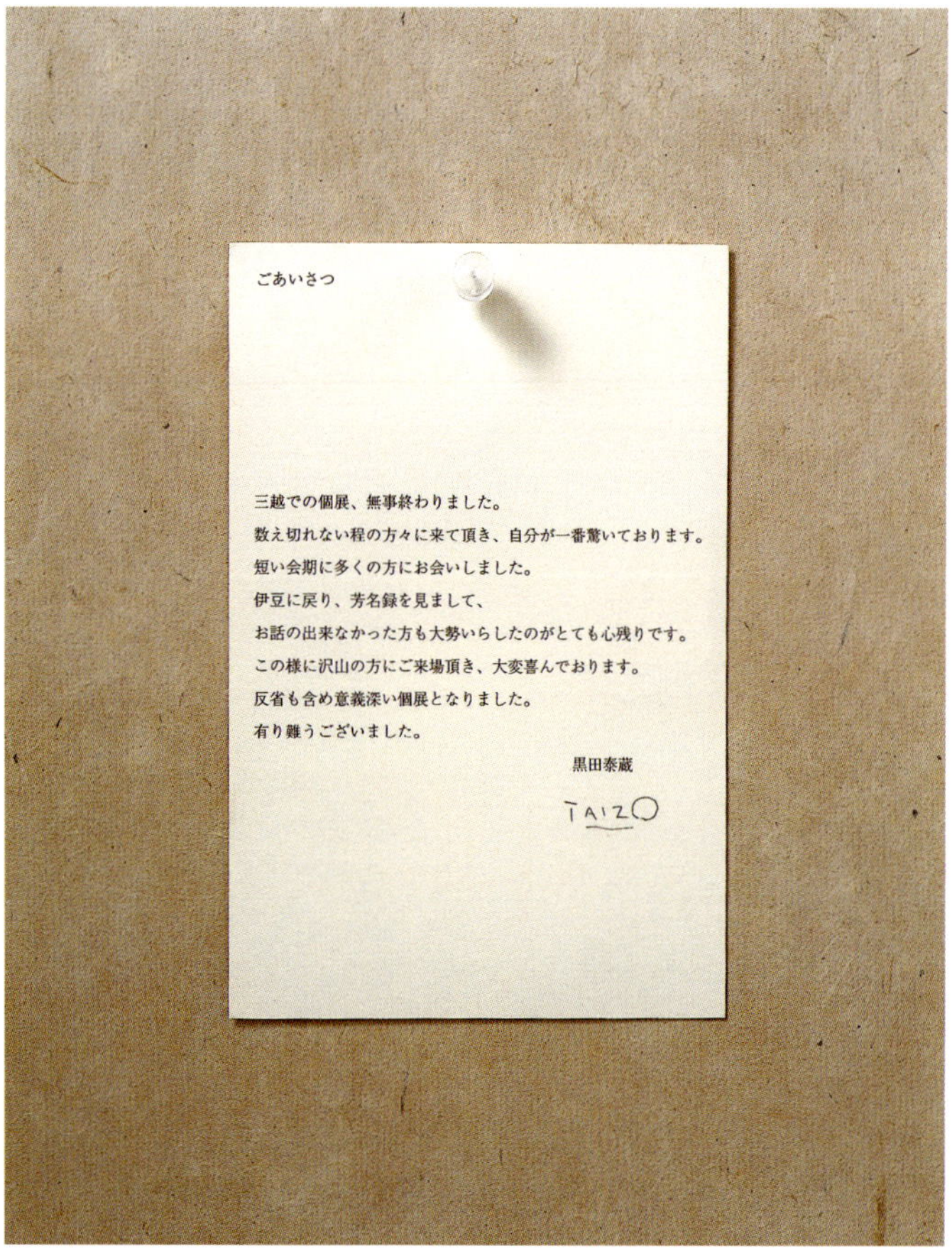

ごあいさつ

三越での個展、無事終わりました。
数え切れない程の方々に来て頂き、自分が一番驚いております。
短い会期に多くの方にお会いしました。
伊豆に戻り、芳名録を見まして、
お話の出来なかった方も大勢いらしたのがとても心残りです。
この様に沢山の方にご来場頂き、大変喜んでおります。
反省も含め意義深い個展となりました。
有り難うございました。

黒田泰蔵

TAIZO

ある方から、

展覧会を見に行ったことに対する御礼の葉書を戴いた。その文章も真心こもったもので、心を動かされたのだが、この葉書は印刷されたものなのに、何んとも美しい。目の前の壁にピンで止め、毎日見て楽しんでいる。

じっくりと見ると、白の台紙、といっても生成りのもので、ザラッとした肌ざわりのところへ、文字は黒一色の変形明朝体。少し前の活版印刷を感じさせるカッチリとした文字組、そして絶妙なレイアウト。うるさいと思ったのか、郵便番号枠は省かれている。

あまりの嬉しさに、たまたま打ち合わせに来た印刷屋さんに自慢気に見せたら、ニヤニヤと笑いながら、これは彼のところで印刷したもので、僕の友人のグラフィックデザイナーが考えたものと言う。

なる程、彼ならば、と唸った。素直に脱帽。古い物を含め、今年見た物のなかではピカいちのもの。一見したところ、何んともなくて、さりげなくて、だけど、じっくり目を凝らして見れば、何んともあるものなのだ。

右頁の日本製文机は、敬愛する道具屋の先輩、小谷《おだに》伊太郎さんが閉店する時譲ってくれた、これも、一見何んともないもの。ペラペラの杉板製、しかし絶妙のバランス。この美しさも又、何んともない故にとっかかりがなく、知識で理解しようとすれば難しい。

小谷さんは、骨董や道具の美しさは、遊び心を持っていないと感じることが難しく、一旦、その美しい線を自分のものとして会得してしまうと、あとは、たとえ西洋の物であろうと東洋の物であろうと、古代の物でも現代の物でも、又、高価なものでも道端に落ちているものでも、その選択は単に応用問題にすぎないということを、僕達、若い仲間に教えてくれた人。房総の網元の生まれで、仕事の関係上お持ちだった船を、遊びのために次ぎ次ぎと売り払い、最後に残ったものは、一枚の板切、使いこまれたボロ布、サビた鉄金物、シミの入った侘びた陶片。服装も古いアメリカ製ジーンズや、イギリスのヨレヨレのコートなどがお好みで、道具屋をやめた後は、その風貌と着こなしを見込まれて、ファッションのモデルもしていた。

僕達から見れば、好き嫌いというだけの選択で骨董道楽に生きた、稀な、又羨ましい人だったけれど、ある時「何んともない人生だったな」と、ポツリとひとこともらしたことがある。亡くなる一ヶ月前に戴いた手紙は、いつもの太めの朴訥な鉛筆文字で、「永い間、つき合ってくれて有難う。楽しかった。さようなら。」だった。享年七十八歳。

（一九九九・七）

［上］陶芸家・黒田泰蔵氏からの礼状
デザイン＝山口信博

08

李朝白磁とデルフト白釉

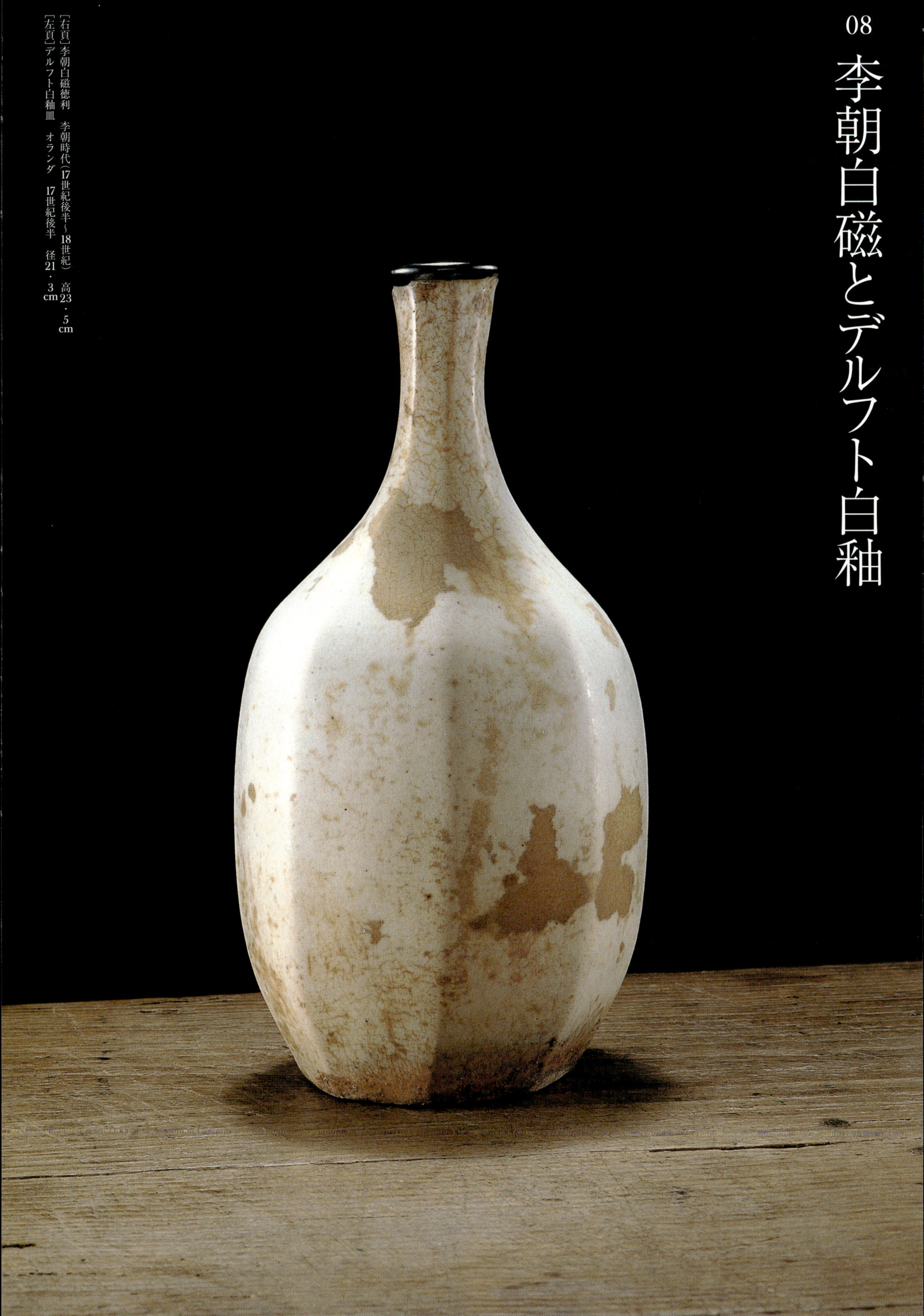

[右頁]李朝白磁徳利　李朝時代(17世紀後半〜18世紀)　高23・5cm
[左頁]デルフト白釉皿　オランダ　17世紀後半　径21・3cm

しばらくぶりに、

朝鮮李朝時代の面取り徳利を見せて戴いた。昔から日本の骨董好きは、李朝と信楽で死ねると言われている。さんざん古い焼物をいじくりまわしたあげく、最終的には柔らかな情感を持つ李朝中期の白磁や、日本の豪快な土味を代表する室町期の信楽に到達する、という意味なのだろう。

だけどここで注意することは、李朝時代と言えば、日本では室町初めから明治末までの約五百年。前期の、真摯に技術的完成度を求めて行った時代から、どこか一息抜いてゆったりと、おっとりした形の中期、後期分院の堅く焼きしまって青味がかった完成度の高い時代まで、とても幅が広い。韓国では後期分院の評価が高いらしい。信楽にしても室町初期と江戸後期のものでは、ほとんど別の焼物と思った方がいいだろう。

二十八頁の面取り徳利（李朝中期）は、昔、見た瞬間に魅了されてしまったもの。全体のフォルムの端正さ、面取りの線の優しさ、又何んといっても中期独特の、光をはねつけず、吸収してしまう様な柔らかな白色。彩度とか明度なんていう科学的なモノサシでは測り切れない深さがある。

焼物でこの柔らかい白を持つものと言えば、中国では日本のお茶人の注文で製作された古染付、日本では初期伊万里、ヨーロッパでは未だ磁器が作られていない時代に、陶器の上に白釉をかけていたオランダのデルフト焼ということになるのだろうが、いずれも十七世紀なのが不思議だ。

デルフト陶器は江戸時代にお茶人に見いだされて、将来され、茶席で使われて来たし、李朝物は大正時代に民芸の関係者や、当時の鑑賞陶器筋の人達によって日本に紹介され、多くの優品が日本に入って来た。その美しさの発見は日本人にしか出来なかったし、又、今でもそうだろう。品物の技術的完成度の高さや装飾性が、美しさの最大の構成要素と考えている世界からは、この発見は出て来ない。だから、ギリシア・ローマやイタリアルネサンス至上主義的美術史からは見えて来ない世界なのだろう。

十年来、オランダの運河から発掘された、文様のない白釉の陶器だけを集めていた。英国で古陶器紹介の仕事を永く続けている知人の骨董商にその写真を見せたところ、ウームとうなって、ただ一言「ボアリング！（何んとたいくつな）」。

確かに、日本で国宝や重文になっている様な茶碗を、地中海の乾燥した強い光の中で見ると、割れてゴミがたまっていて汚い、という彼等の見方も正しい。そしてその茶碗を僕達の、四季のある、湿った、障子を通した柔らかい光の中で見ると何んとも美しい、ということも事実だ。だからオモシロイ。

（一九九九・八）

09

アフリカの通貨

鉄製通貨　ザイール（現コンゴ民主共和国）
20世紀　高175cm

特別に

天気の悪い日でもなければ、朝早くから来るお客もいない仕事だし、アパートを出てブラブラと、道沿いの大きなお宅の庭木などを眺めながら歩いて店まで出てくる。

途中に古い佇まいの一軒の古本屋さんがあり、ウインドウに数年前より『贋造通貨』という古本が飾られっぱなしで、他の美術関係の本は一ヶ月も経つと取り替えられるのだが、この本だけは、もうほとんどウインドウの主みたいにデンとここに座りこんでしまっている。こちらも買うつもりはないのだけれど、妙に気になって、今朝も通勤途中チラリと目をやると、あいも変らずである。

贋造通貨とは、平たく言えばニセ金ということなのだろう。何んだか自分の持ち物が気になり、店に着くなりシャッターも開けず、ポケットから一万円札を出して子細に観察してみた。してみて、自分の無知に呆れてしまった。ずっとお札には「日本政府発行札」と印刷されているとばかり思い込んでいたのだが、正しくは「日本銀行券」。券というからには近くのお茶屋さんやレコード店がくれる割引券や、オジサン達の好きな馬券とそれほど違いはなさそうだし、なるほど紙質はとても良いのだが、このヤボったいデザインの印刷券を必要以上に蓄える為に働きすぎて命を縮めることなんかありま

せんヨ。どうも僕達はこの券の発行元の日本銀行や、いや、そのバックにいる日本国というものに絶大な信用を置き続けたらしい。が、近頃はそれも少し下降気味とか。

ところで、アフリカの奥地に住み、日本という国を全く知らない人達に、この日本国の印刷券を渡したところで、せいぜい紙ヒコーキか燃料がわりに使われるくらいで、それでオシマイ。その点、ここで御紹介するザイールやナイジェリアの鉄の通貨は安心です。潰せば鍋や釜にもなるし、言わば正真正銘の本物です。『ILLUSTRATED ENCYCLOPEDIA OF WORLD COINS』という本によれば、三十一頁の通貨は現在でも儀式用通貨として使われるそうで、ちなみに十本で三十五フィートのカヌー一艘、女性に対する結納金は三十本。

文化国家の基準というものは一人一人で違うだろうし、又違うところがオモシロイのだけれど、僕は立派な美術館や文化会館が多くあることよりも、日常生活品が美しい方が、何んだか文化国家に近く、信用出来る気がしている。だから毎日使わなくてはならないお金のデザインはとても大切なもの。新しくお金を発行する時は、ぜひそのデザインコンペをして美しいデザインのものを採用して欲しい。

（一九九九・九）

鉄製通貨　ナイジェリア　20世紀　高36.5cm（左）

10

西洋カルタ

昨年二月に芸術新潮が「世界一裕福なJ・ポール・ゲティ美術館」という特集を組んだのを御覧になりましたか。ジャン・ポール・ゲティは世界一の石油成金、ケチで、常に身のまわりに美女を侍らせ、遺産の分け前をちらつかせて互いに競わせたという人物。今はすでに亡く、その莫大な遺産で財団は毎年百億円前後の美術品を購入しているということなのですが、僕の興味は財団の購入品でなく、生前の彼が個人として何を収集していたのだろうかということでした。

収集品はその人の生き方を恐ろしいくらい端的に表わします。彼の好みは、ギリシア・ローマ美術と、ルーヴル宮殿に飾られている様な装飾美術の分野で、ルイ十四世に憧れていたそうです。なる程、解ります。そしてこれにルネサンス美術の分野を加えると、そう、これはもうほとんど、僕達日本人が学校で丸暗記させられた西洋美術史の世界です。そしてそれは、日本人の情緒的なモノサシなんぞは受け付けない、肉感的美女と超筋肉マン中心の、いわば科学的モノサシの世界です。ちょっと僕んちくんだりでは作品が完璧すぎて、ハデすぎて、この分野のものは残欠やトルソーの状態じゃないとなかなか受け入れにくいものでしょう。ところで、ゲティの傍の美女達って何んだかローマの彫刻に似てると思いませんか。

一方、上に並べたフランス十八世紀中期の木版カルタは、庶民のバクチ用の大量生産品。裏面は負けた時の借用証。安く大量に作る

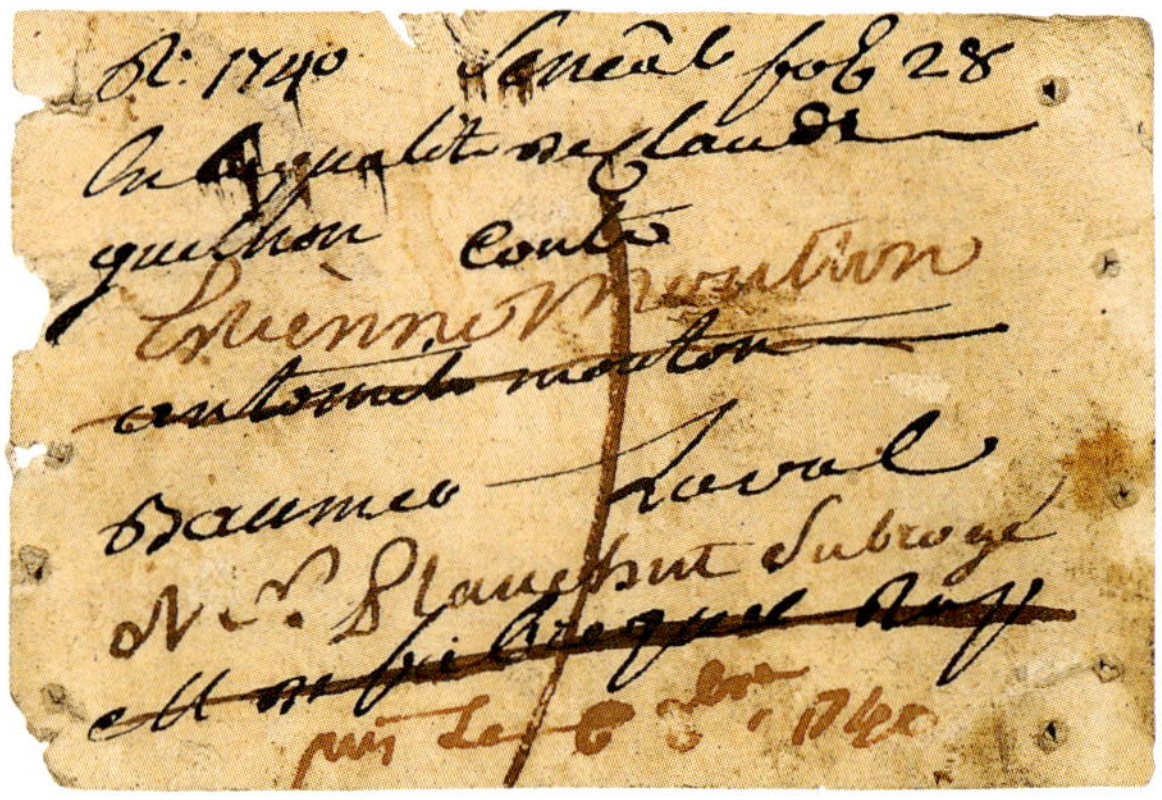

木版カルタ　フランス　18世紀中期
8.5×5.7cm／8.5×5.2cm／7.8×5.2cm
（右頁右から／図版は原寸大）
上の図版はダイヤのカードの裏面

ため、表現手段としては自由な手描きを捨て、むしろ不自由な木版という型物仕事で、彩色も単純な合羽刷り。しかし木版、合羽刷りという、作家性を出しにくい不自由さが、かえって作品の美しさや親しさを高めてくれている様な気がして不思議です。

日本のウンスンカルタの源流はスペイン、ポルトガル系。現在僕達がトランプといって使っているカードはフランス、英国系。もちろんイタリアにはタロットカードという美しい木版のカルタも残っています。

ゲティの傍の美女達がローマの彫刻の様ならば、僕のダイヤの一の数札は、さしずめ日の丸弁当というところ……オヤ！　美女達も笑っていますネ。

（一九九九・十）

女性達に囲まれたJ・ポール・ゲティ（1892〜1976）
photo:Dezo Hoffman/REX FEATURES LTD/PPS

11 西アフリカの土偶

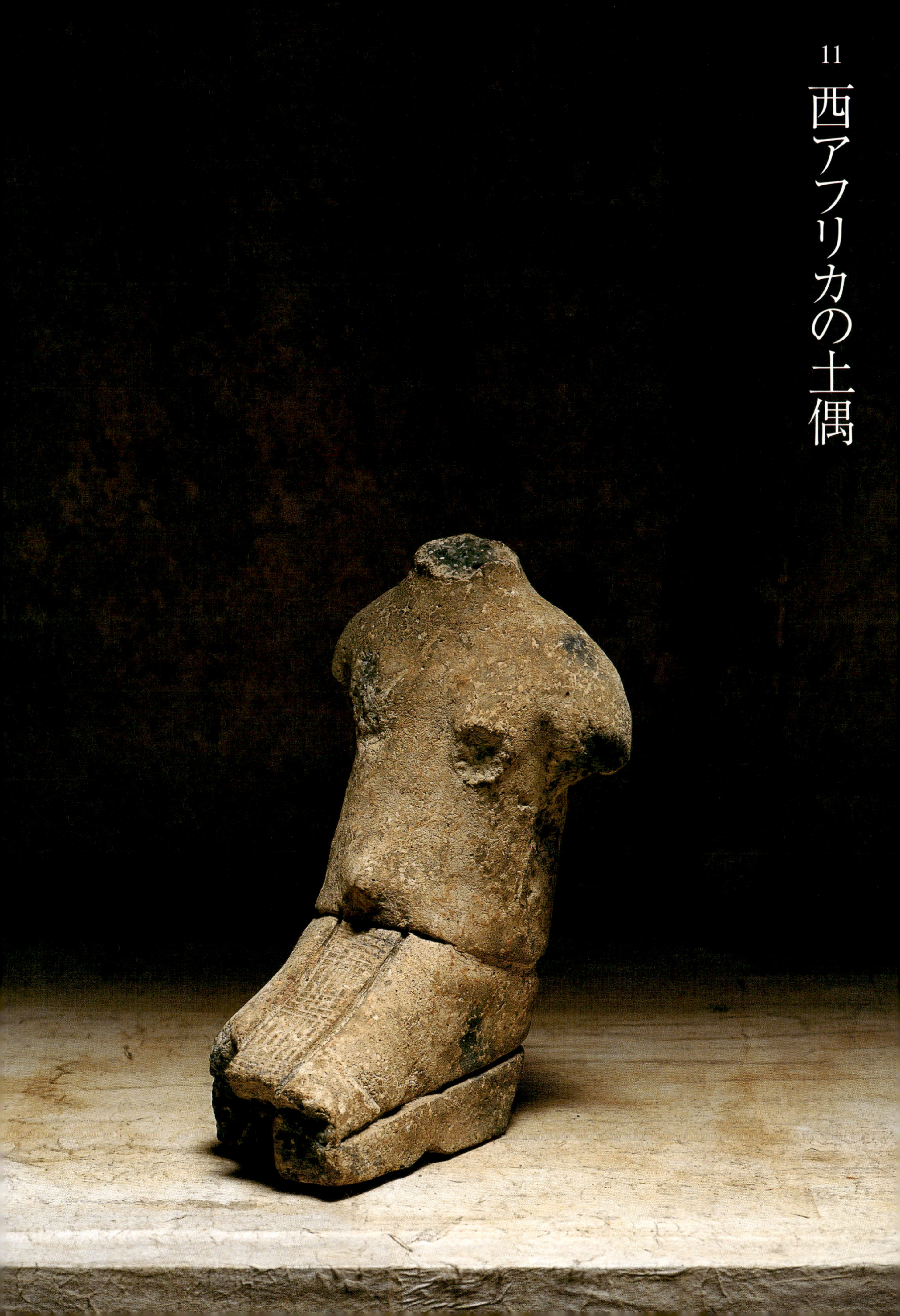

「こんにちはー」。

久し振りに聞くような美しい発音の挨拶で、夫妻（御主人は静岡の歯科医、奥さんは画廊を開いている）が初めて店に入ってきたのはもうずいぶんと前の事。一見して、オシャレだし、出来そうというか物が見えそう。こちらは相手と目を合わさぬよう、声もかけず横の壁を睨んでいたら、二点ほど品物を選び、サッと購入するや「さようならー」とこれ又妙に美しい発声で挨拶して帰られた。

遊びに来ないかと誘われたのは次に会った時。高速道の出口で待っていると、向こうから古い英国車のミニが走ってきた。古道具屋にはおあつらえ向きの、荷物が積めるバン型で、後部扉は木枠、色は渋いグリーン。いいなーと眺めていると、迎えにきた夫妻だった。こちらも好きな道だし、「車がお好きなんですネ」と問えば、「この車が売りに出たので運転免許を取りました」との素っ気ない返事。

お宅にうかがい室内を見渡すと、現代美術の作品も多く、見事な空間構成。又出てきたお茶がめっぽう美味い。壁にはボソボソの板や鉄の工芸品、奥には弥生の土器らしき物も見える。壁の作品の作者を尋ねたら「奈良朝の古材と江戸時代の鍬」。あっけにとられてついつい「物を集め始めて何年ですか」と愚問を発すると、「ようやく三年目」とか。だとしたらずいぶんと勉強したのでしょうネ、と僕はもう愚問を連発。お二人の答えは「人はその人の感受性の範囲内でしか物は見えないもの。だから音楽や映画や食事等を楽しんで、自身の感受性を柔らかくすることが大切。本を読んで勉強しただけでは、とてもとても」。

その夜、静岡から東京までの帰り道、まだ若かった僕は車を運転しながら感激で震えていた。もう二十五年も前の事。

永年暖めていた「西アフリカの土偶展」という企画を、やっと五年前に実現することができた。このマリ共和国出土の土偶は、日本の縄文中期の土偶と姿形が似ているだけでなく、共に奥に持っているものは寡黙で深い世界だと思うし、又それはマリノ・マリーニ等の現代イタリア彫刻とも共通するものだ。

上京した夫妻がこの企画展をとても喜んでくれた。そして帰り際、いつものように美しい声で「さようならー」。彼女の優しい声は、この土偶の持つ素直さや静かさと、どこかで通じている気がする。

（一九九九・十一）

［右頁］土偶　マリ　12〜16世紀　高19cm

土偶　マリ　12〜16世紀　高20cm

12

うなぎ取りと針金

この十五年間、

毎週土曜日の開店時に必ず来る人がいる。店は生活必需品を売っている訳ではないので、雨が降れば、もちろん人は来ず、といってあまりに天気が良いと、又難しい。普段は何んだかんだと大口をたたいていても、一週間も客が来なければ、とたんに自信も揺らぎ弱気になってくる。だから買う買わないは関係なしに、必ず来てくれる人はとても大切な客。この貴重な人が去年の夏休みに、新しく出来た京都駅と、有名な東寺の蚤の市を見に行くと言った。

　蚤の市はさて置き、京都駅はマズイと思った。彼は社会福祉関係の地味な仕事を、謙虚に、永く続けている人。彼の生活スタイルと、新しい京都駅の豪華さとは水と油。以前は新幹線で京都駅に着くと、ホームから仰ぎ見る山々や古い家並みが、京都に来たのだという安らぎを与えてくれたのに、今やその風景は巨大な建物で遮断されてしまった。ひょっとして、醜悪な京都タワーを隠す為に設計者がこれだけ巨大な建物を！　とはとても考えられないので、やはりこれは大家さんであるJRの考えだろう。「そうだ　京都、行こう」と大家さんに言われたって、自分達でだんだん京都らしさを捨てて行ってるんだもの、そうたやすくは乗れません。

　だが彼は、東寺の市で大変な物を見つけたらしい。驚いたことに、道端に捨てられ、車にひかれたクシャクシャな空き缶が、並の物は一枚百円、サビてボケボケの極上物は二百円で売られていて、彼は無論、極上物を買ったとか。この缶売りの仕事振りを見たことが、夏の旅の一番の収穫だと喜んでいた。

　いくらその物を好きだとか美しいとか言ったって、大勢の人前で、拾ってきた缶を売るのは勇気がいる、そして、それくらいなら僕にでも出来る。けれどその缶に価格差をつけるのは、自分の価値観をモロに皆の前に示すことになるので、大変な覚悟が必要だろう。

　今回の金物二点も幾分この缶に近い。うなぎ取りは韓国で見つけた物だけれど、日本の物と全く同じ。とても線が美しい。針金細工のような物は、ブドウ棚用の金物だそうだ。これを堂々と売る若い道具屋の人達が出てきた。それも肩に力を入れて、覚悟して、なんて風じゃ全然なくて、フツーに。そういう若い人達に、乾杯！

（二〇〇〇・一）

［右頁］うなぎ取り　韓国　20世紀　鉄　長74.5cm

ブドウ棚の針金　日本　20世紀　33×55cm

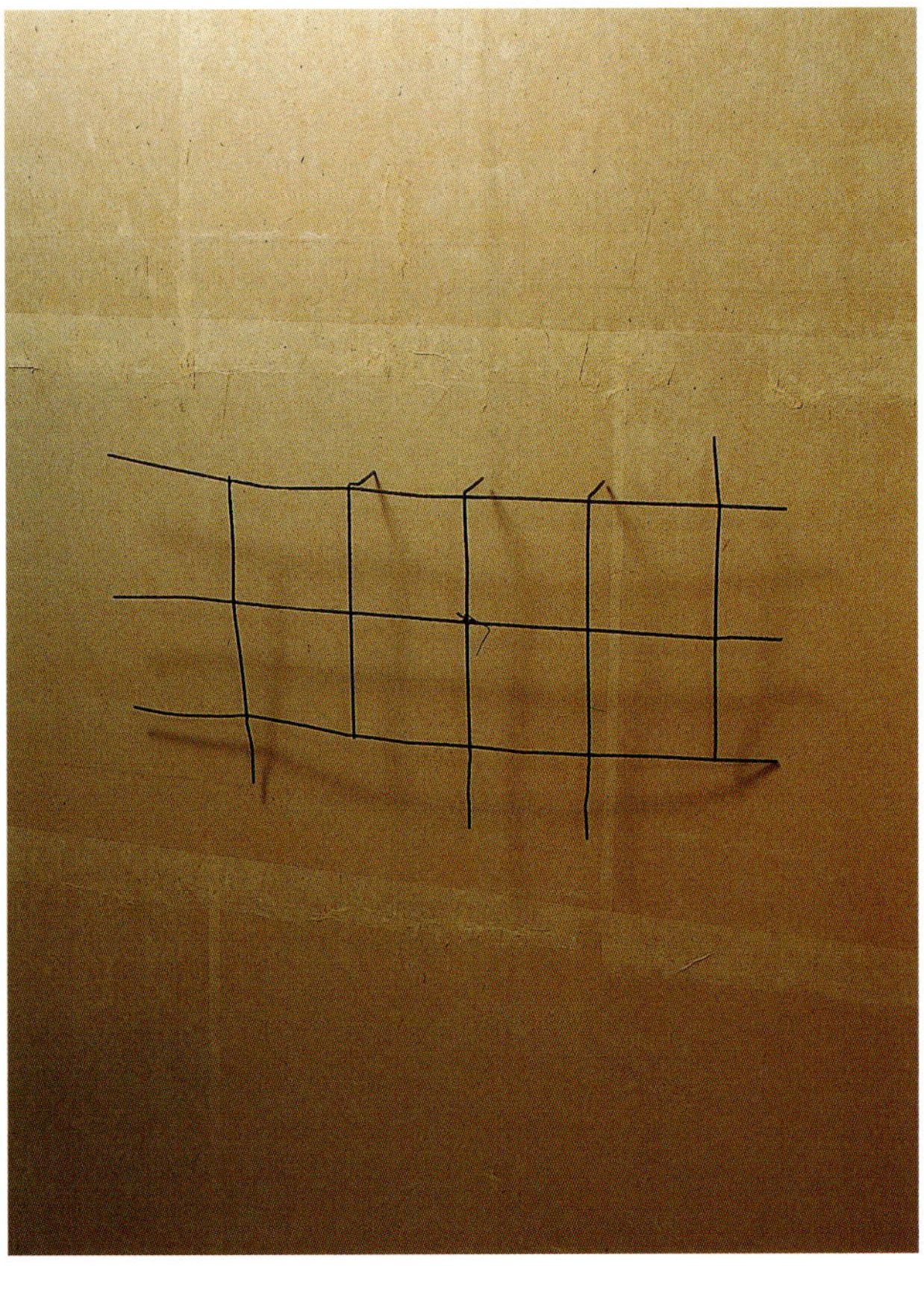

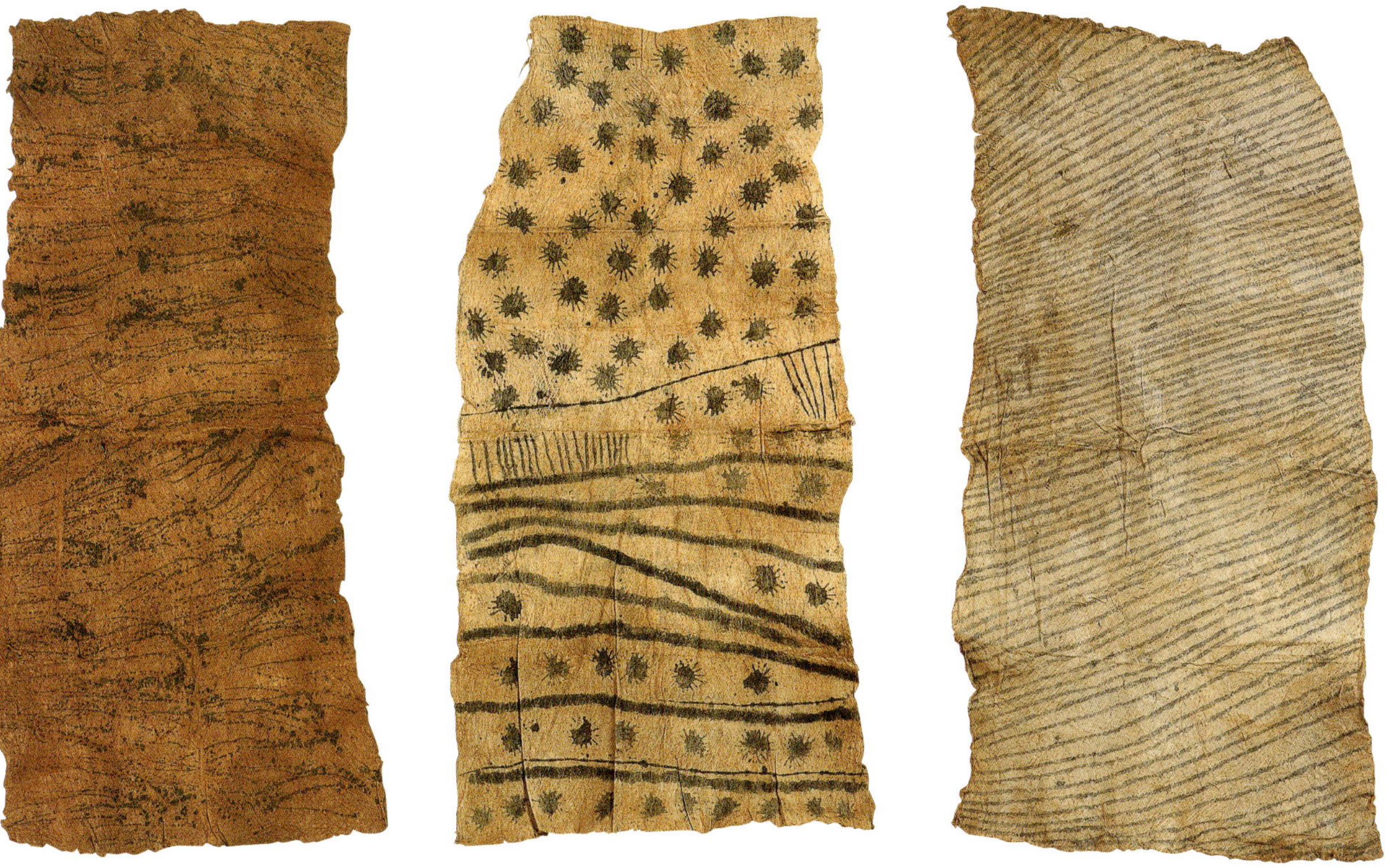

13

樹皮布と楯

五年程も前の事、美術館の学芸員と美術評論家の若手の人達が、何人か集まって評論誌を発行したので広告を出さないかと訪ねて来た。広告の方はいくら出してもそれで人が来るという仕事でもないし、断ったのだが、雑誌だけでもと数冊置いて帰っていった。

読んでみた。難しくて全く歯が、いや頭がたたない。石頭をトントコ叩いてみてもチンプンカンプン。こまった。とにかく、僕が日頃から通っている焼魚がうまい定食屋や、主人が大の巨人ファンで野球中継に夢中なのに、注文するやいなや絶品の肉ドウフが出てくる一杯飲み屋などで、僕達がふだん使っている日本国の日常語が文中のどこにも出てこない。「通底する」とか「メタファー」とか、いや、何んだかかなり高級そうだ。この手の人達は、好きな女ができても、又、目の前にうまそうな食べ物が出てきても、やはりそれ

[上3点]ピグミー族の樹皮布　20世紀
81.5×44cm ／80.5×44.5cm ／78×35.5cm（右から）

らを分析し、頭で理解し、理論で自分を納得させる作業を続けているんだろうなー。エライ！　とてもこういう人達は偉いなー。

そういえば、このピグミー族の樹皮布（タパ）も、最初ヨーロッパ市場に出てきた時、美術評論家の人達は、何枚かの布の中央部で文様が断ち切られ、ズレがあることを発見し、ヨーロッパ近代抽象絵画史上未見の「断絶の美」だと大騒ぎした事があったっけ。が、今になってピグミーの人達の写真を見ると、この布は中央でふたつ折りにし、ヒモで吊るす前隠し、つまりフンドシ。気がむけば次の日は反対側の文様を楽しむという、何んて事はない当たり前の事。

さて、樹皮布は南太平洋諸島で広く使用されたもので、樹の皮をはがし、木槌で打つことで繊維と繊維を絡ませて布としたもの。ニューギニア島やトンガの物はよく見たけれど、コンゴ盆地を中心に暮らしているピグミー族の物を見たのは十年程前が初めてだった。ハワイ諸島の人達も、昔は全てタパだったそうだが、今はTシャツ、ジーンズに取って代わってしまって、古いタパは美術館でしか見られない。新しいタパも作ってはいるけれど、それはただの飾り物の御土産品。それに較べるとピグミーの物は今でも使用している実用品。だからこそ文様も生きているのだろう。上の三点はザイール製の楯、これも又モダン。

（二〇〇〇・二）

［上3点］楯　ザイール（現コンゴ民主共和国）　20世紀　木に彩色
102×45cm ／104×50cm ／127×45cm（右から）

14

ポルトガル人形と陶板像

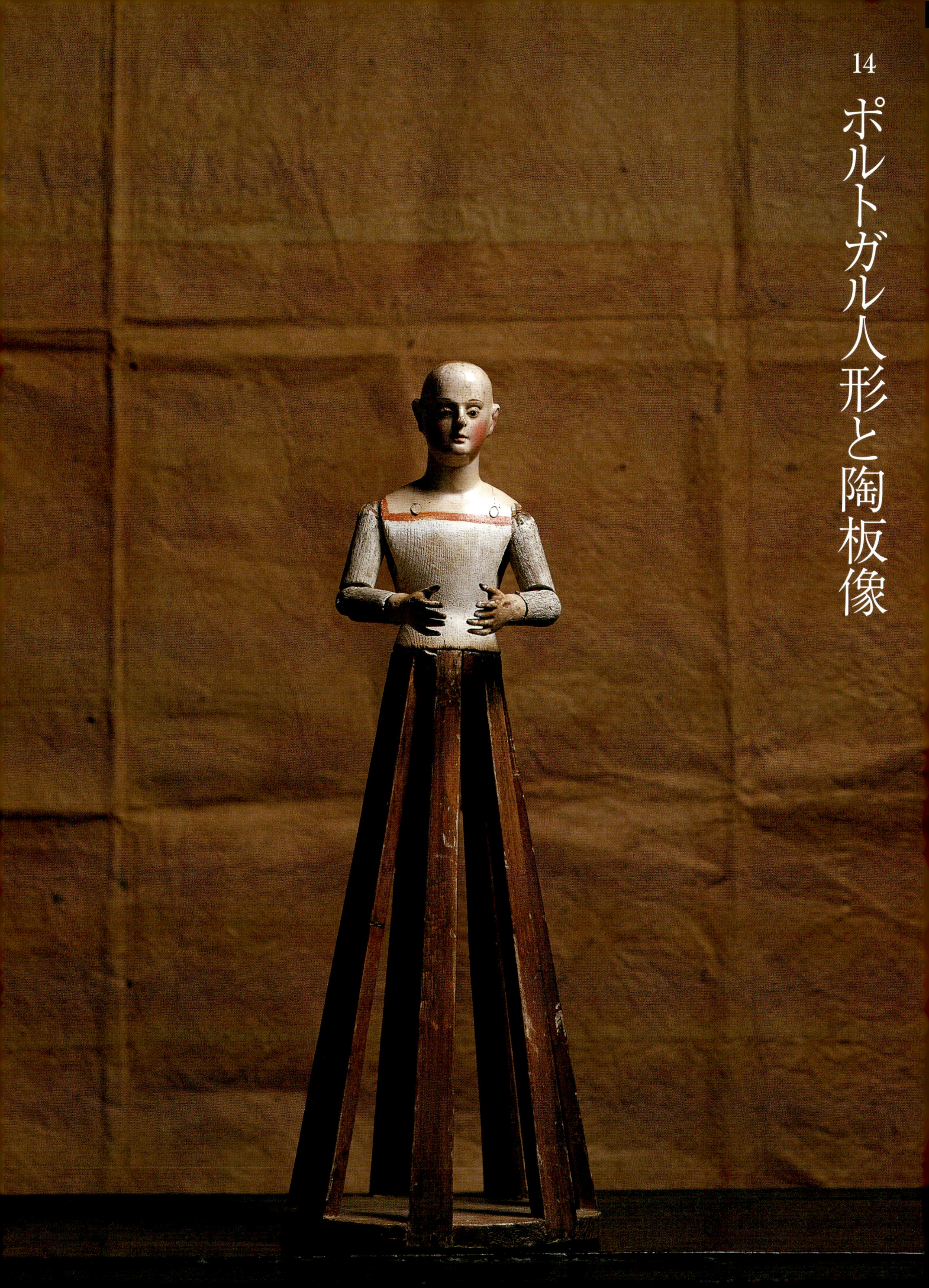

「本日休業」。

僕が毎日のように通う定食屋さんは休み好き。土、日はもちろん、高校野球の地方予選が始まれば、この店に通っている人は皆お手上げ。しかたなく新しく出来た定食屋のチェーン店に入ると「イラッシャイマセコンニチハ」「アリガトウゴザイマスマタオコシクダサイ」と、言葉の途中が全く切れない不思議な挨拶を大声で繰り返している。でもこれって、デパートのエスカレーターや駅のホームで「危ないですので黄色の線の内側にお立ち下さい」と、さも親切そうにスピーカーからボリュームいっぱいでテープが流されているのとよく似てますネ。僕には、「マニュアルに書いてあるのでしかたなく」とか「一応注意をしていますので当方には責任はありませんよ」と言っているように聞えてしまう。

そういえば、戦時中に「我こそがお国を守るのだ」と大声を出して国民を扇動していた人達が、負けが決まって進駐軍が上陸した後、パルチザンのように山にこもって日本のコクタイやハタとかウタとかいうものを守るために命を投げ出し、しぶとく抵抗を続けたとは聞かないし、だいいち戦争に負けた国で、これほど全員一致して喜んで寝返った国も珍しいんじゃないかしら。他人に厳しく自分に甘く、をモットーにしている僕が言うのも変だけど、この国では誰ひとり、個人として立っていなかった、いつも団体や組織によりかかって生活してきたということになるのかな。何んだか寂しくて悲しい。

ポルトガルの木製人形はカトリックの祭に使うマネキンだそうで、それ程大きなものではない。でも広い空間に置くと、縄文時代のものや、アフリカで作られたものなどをも圧倒するくらいの力を発揮する。名のある美術家が金持ちのスポンサーのために一品だけ作ったものでなく、職人が教会からの依頼で数物《かずもの》として作ったものだろう。職人が持っていた神への深い信仰心が、この人形を広い空間のなかで個人としてひとり立つことを可能にしている。

陶板製の人形は、あらゆる素材を使いこなして活発な造形活動を続けている望月通陽さんの作品。陶板は作家の持つテクニックを幾分か制限し、不自由にする。が、かえってそれが像の内に作家の熱い思いを注入させ、像を個としてひとり立たせているように思う。

（二〇〇〇・三）

［右頁］人形　ポルトガル　18世紀
木に彩色　高52.5cm

陶板像　望月通陽作　1990年　高14cm

15

厨子

[右頁／左頁]厨子　江戸時代(19世紀)　杉
高11・5cm(右頁)／高36・5cm

今住んでいる

家は、大きなテーブルが台所をほとんど専有してしまい、他には六畳の和室と納戸だけ。東京だから仕方がないと言われればそれはそうなんだけど、やはり狭い。しかしこちらもだんだん年を取り、くたびれてくるに従って、これも又自分に合った寸法なのかなと思うようにもなってきた。第一、本を読むのも、テレビを見るのも、フトンを敷いて寝るのも全て六畳間、ぜんぜん動かなくて良い。冷蔵庫まで三歩、水道の蛇口まで四歩、遠いトイレまでさえ八歩ですむ。有難い。もちろん、一度でいいから家の中にソファを置き、ゆったりと読書をしたり、音楽を楽しんだりしたいというつれあいの夢は叶えてあげたいけれど、僕には意地とか根性とかいうものが欠けている。

　写真は小さな厨子。厨子とは仏様を安置する箱である。言い換えれば仏様のお住まいである。それにしてはどちらも、もう少しどうにかそれらしき物、例えば金箔を貼るとか、飾り扉を付けるとか、ぼんぼりを吊すとか、何かこれを見た時に敬いの心を引き出すための装置を加えたくなりそうなもの。むくの自然素材とはいえ大安物のペラペラ杉板、安住するにはやけに狭くて、まあ、良く言うと単純素朴なつくり。僕は寝っころがってこの厨子を見るたび、必ずといって良い程「♪ラッタラッタ　ラッタラッター　♪狭いながらも楽しい我が家ー」という歌がついつい口から出てしまう。

　特別注文製の誇大妄想用色メガネをかければ、何んと、その静謐な宗教的空間は、有名なル・コルビュジエのロンシャン礼拝堂や、安藤忠雄の光の教会にも負けない。このふたつの建築物は、感性を論理的思考で昇華、発展させた近代知性の最良の創造物だろうし、かたや貧乏たらしい厨子は、美醜、善悪などと物事を知性で分別する以前の、「只」とか「無」とかという世界に属するものかも知れない。

　貧乏たらしいと言えば、インドのオシャカ様は育った城を出て、ボロ布一枚をまとった姿で悟りを開かれたそうだし、キリスト様だってお生れになったのは粗末な馬小屋だった。現代まで続く偉大な宗教もその始源の時には、余計な持ち物など一切ない、質素で純朴なものだったのだろう。

（二〇〇〇・四）

16

ヨーロッパのテーブルウェア

皿　オランダ　17世紀後半　ピューター　径21.4cm
スプーン　イギリス　17世紀　真鍮　長15.3cm

僕の名刺は、

耳付和紙の台紙に自分でゴム印を押したもの。とても気に入ってはいるのだけれど、やはり目上の人に差し出す時は少し気恥ずかしい。いつか本格的なフツーの名刺を、と考えてきたのだが、昔戴いた一枚の名刺がどうしても忘れられず、ぐずぐずと今日まできてしまった。

その名刺は縦中央に活版印刷で〝辰澤〟と姓を打ってあるだけ。裏に住所と電話番号。何んだ！　そりゃー安くて、簡単で、と思われるかも知れないが、では僕達凡人にできるかというと難しい。まず粋なセンス、そして肩書なんかを入れない勇気と覚悟が必要だ。

先日、本人にその話をしたところ、「あの頃は無職のプー太郎、家族で同じものを使っていたからネ、アッハッハー」。ちなみに歴代総理大臣の名刺は表に氏名だけだそうで、肩書も、住所と電話番号もナシ。まさか「あなた何してる人なの？　どちらにお住まい？」なんて聞く人もいないでしょうし。

〝辰澤〟さんは当時無職だったから、毎週店に現れる。アラビアのロレンスが乗っていたのと同じ英国製の古いバイクで、ヘルメットと革手袋もそれに合わせた特注品。一度だけ背広姿を見たけれど、どうもそれは昭和天皇や白洲次郎さんが注文していた職人さんが作ったものらしい。でも、そういう風に見せないところがこの人のスバラシさ。一流品を気負って使うのはいかにもヤボ、軽くフツーに使いこなしてこそダンディズム、という気風が確かにこの人にはある。

出会ってもう二十数年になるけれど、古道具屋の仕事を続ける僕が、時々どうしようもなく病的な、ビンボー臭いだけのボロボロ、ザラザラした骨董魔界に落ち込んだ時には、必ず月光仮面のオジサンみたいに現れて、正統な工芸の世界に救い上げてくれる大切な人でもある。

今回の西洋のテーブルウェアは、この人の持つ中世、近世ヨーロッパ工芸品の一部だが、将来工芸を勉強しようとする人達には、きっとそのコレクションが必要となる時がくるだろう。

彼は今や美術工芸史を教える大学の先生。三十年以上も世界の工芸品を見続け、パクパクとその真髄を食べ続けてきたせいか、近頃は少し糖尿気味だけれど、工芸品を語る彼の言葉には、物を買い、使い、共に暮らした人のみがつかみ得る重さがある。こういう先生を持つ生徒は幸せだ。

（二〇〇〇・五）

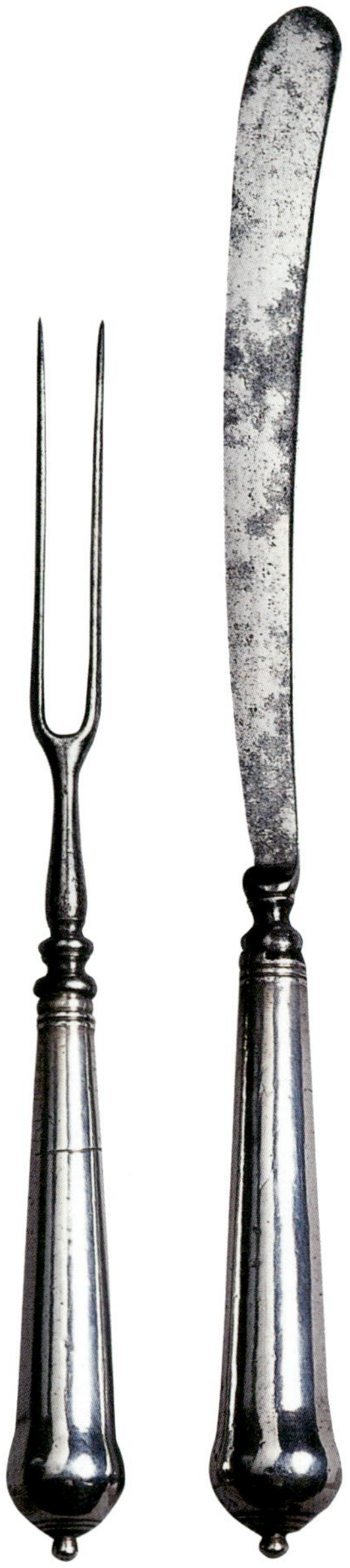

ナイフ&フォーク　イギリス
17世紀末　鉄、銀(柄)
長19cm(ナイフ)

スプーン　フランス　15世紀
真鍮　長13.7cm
ナイフ　フランス　16〜17世紀
鉄、象牙(柄)　長22.7cm

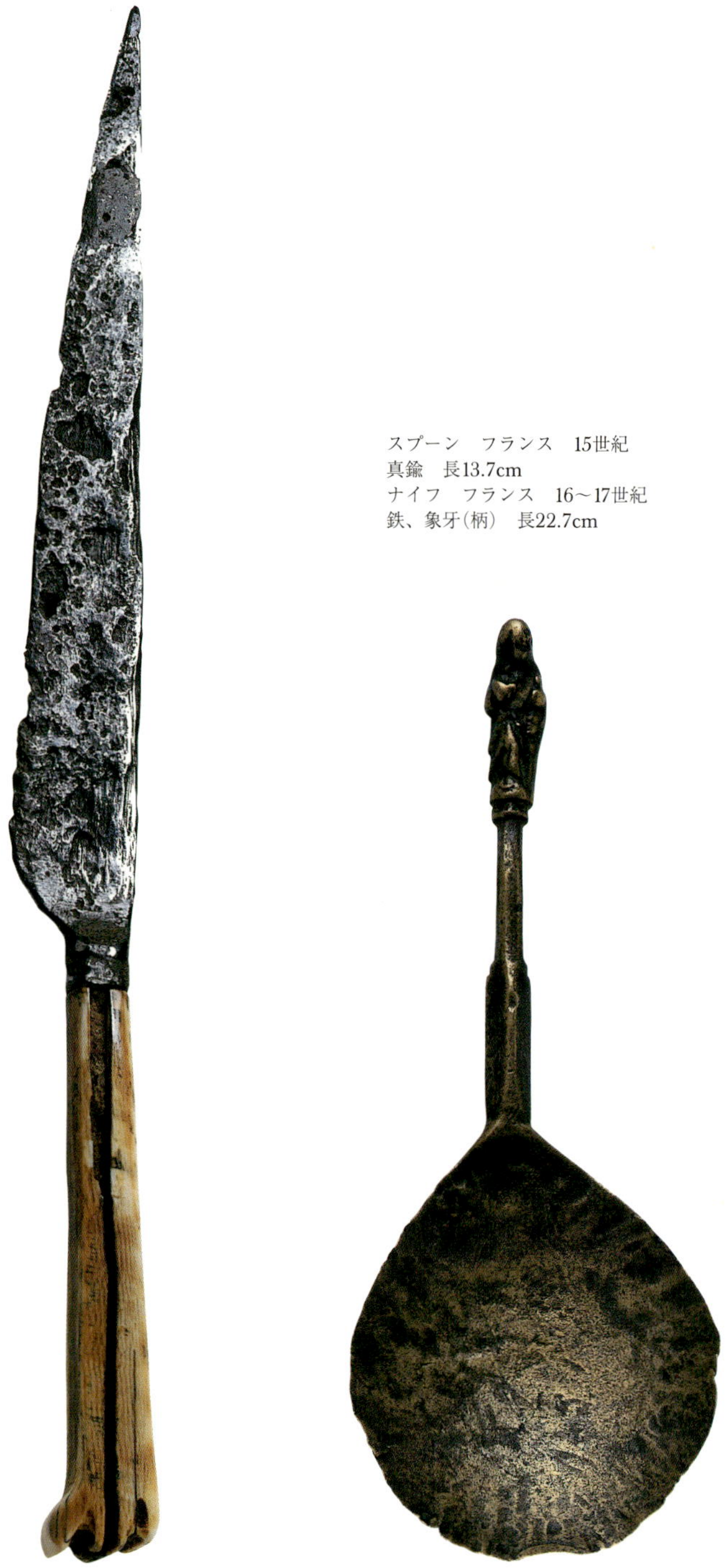

ペルーの大布

ここ十五年、小さな企画展を続けている。評判もそう悪くなく、ガンバレ、ガンバレと応援してくれる人達もいるのだが、これが思ったよりも根気と忍耐がいる仕事。まだあまり世間では評価されていないけれど、ちょっと見方や提示の仕方を変えてみると、なる程、案外オモシロイ、というような物を捜してくる訳で、そんな物が今ごろその辺りにころがっているはずがない。空っぽの頭をフル回転させ、痩せた身体に鞭打って何んとか続けてきたのは、何を隠そう、自分自身の為。皆が漠然と信頼している既成の価値観に頼りたくなる自分の弱気の虫や、常識のヘドロで詰まってしまった古い頭の配管を少し叩いてやる、僕にとっては年に一度のリフレッシュ。

けれど不思議なことに、せっせと孤軍奮闘し、あと一歩で展示会、という時になると必ず現れるのです、この手の人が。「この話は秘中の秘、一切他言は無用。未だ世の中の誰も気づいていない○○を集めようと思うのだが、どう思う?」

ウーム。僕の困惑した顔を御想像下さい。もちろん心の奥では「ソレダー」と叫びながら、集めた品物を押し入れから引っぱり出して抱き合いたい気持になるけれど、ここで出しては男がスタる、苦節数年の日々を思って忍耐、我慢、高倉健!

こんな日々が人を純朴で敬虔な性格へと導くはずもなく、年と共に陰湿、陰険となってくるのは当たりまえ。そういえば名探偵ポアロでもシャーロック・ホームズでも、話にチラリと出てくる古道具屋がいつもセコくて暗い小悪人なのは、きっとこのせいなのかも知れません。

左頁のペルー大布は、いつか「四枚の布展」をやろうと、ずいぶん前から持ち続けていたもの。ちなみに四枚とは、古代、中世を代表してエジプトのコプト裂とペルーの布、日本代表は戦国時代の旗指物、それに近世アフリカのラフィアヤシの布。しかしこの企画は何年たっても実現しなかった。あと一枚という所まで行くのだけれど完結しない。理由はといえば、いつものことながら決定的に僕に欠けている根性というものと、これは僕だけでなく僕の友達全員に絶望的に欠けている——そうです、お金。

このペルー大布は南部海岸のイカ・チンチャ文化期、十一世紀のものとずっと思い込んできたけれど、近頃はナスカ文化期の七〜九世紀に分類するらしい。いずれにしても、湿気の多い日本では考えられない程古いもの。しかし、現在でもモダンで、美しい。

(二〇〇〇・六)

[左頁]布　ペルー　ナスカ文化期(7〜9世紀)
獣毛　156×122cm

18

弥生とヨルダンの土器

土器鉢　ヨルダン　BC3000～BC2500年　高21.7cm

［右頁］土器壺　日本　3～4世紀　高23cm

時々必要が

あって、服のデザインをしているつれあいから〝日本の伝統色〟という色見本帳を借りてくる。そこから好みの色を二十種ばかり切り取って、美味しいお茶なんかを飲みながらひとり静かに眺めている時の気分は最高で、誰にも侵されたくない至福の時。こういう時に店に入ってきた人は不幸です。こちらはほとんどダンマリ、ムッツリ。何を聞かれても、ハイハイ、ソウソウと生返事ばかり。

選ぶ色は消炭《けしずみ》色、青鈍《あおにび》、藍鼠《あいねず》、利休白茶《しらちゃ》に媚茶《こびちゃ》など……。僕の好みは片寄りがあるようで、派手な原色よりも、少し彩度が低く、微妙に色が混ざり合い、淡い色調ながら、障子を通した柔らかい光の中でしっとりと輝きを増すような……。えーい、簡単に言ってしまおう！　つまりはキタナ色。けれどこの種の色合に昔の人は、鈍《にび》、錆《さび》、滅《けし》など含みのある名を与えたのだから、その鋭い感性に驚いてしまう。

確かに僕は小さい時から少しオカシな性向を持っていて、床屋の帰りにはせっかく整えてくれた髪をバサバサに崩してしまったし、真っ白な運動靴も泥で汚してからじゃないと履けなかった。長じて華のサラリーマン時代、ワイシャツは木綿のクシャクシャ、靴は工事現場の人達が履く鉄板入りの安全靴。今でも街でこの黒い靴を見かけると、この形は究極で永遠だなーと、ついウットリと眺めてしまう。

そしてそういう人間が古道具屋になったらどうなるか。主力商品である焼物は何にするのか。そう、もうこれしかない。まっすぐに土器なのだ。正真正銘、本物のキタナ色。

英国で老業者と話をしていたら、彼の地でも土器を買うのは、眼は良いけれどもお金がない人達ばかり。「我々が好きな世界にお金持が入ってこなくて、本当に有難いではないか」と諭された。

五十二頁の土器は弥生時代後期から古墳時代初め頃の壺。優しい丸みが美しい。ヨルダン王国の土器は紀元前三〇〇〇～前二五〇〇年、前期青銅器時代のもので、我が国では縄文時代中期にあたる。でもその柔らかな雰囲気はむしろ日本の土器を思わせる。ふたつの土器は国も時代も異なるけれど、物は形と素材感だけを頼りに選んで良いのだ、いや選ぶべきなのだという単純で大切なことを僕に教えてくれる。

（二〇〇〇・七）

19 そば猪口

伊万里白磁猪口　江戸時代（17世紀）　高4.5cm

有難いことに

近頃は宅配便が発達し、昔のように、お客様が買った物を届けに伺うことも少なくなった。有難いというのは、大切な休日が潰れないということもあるし、又、帰り際にそこの御主人が「ソウダナー、せっかく古道具屋さんに遠いところをわざわざ来てもらったんだから、何か御土産でも持たせないと」なんて甘い言葉をささやいて、いらなくなった品物をついつい持ち帰らされることが少なくなったこともある。

とはいえ、これはこれで僕達の大切な仕事。訪ねて一番怖いのは、明るく健康的な家庭生活を一人で切り盛りしている奥様方の不審そうな眼。夫婦そろって骨董好きというのは少ないから、多くの場合、奥様とは初顔合せ。「これが、あの、ウチのダンナを言葉巧みにダマし、酔わせている骨董屋！　顔はまあ善良そうだけど、この手の人が一番アブナイ！」なんて冷やかな眼で見られると、こちらはもう腰が引けてきて、逃げ帰りたくなってくる。

ところが又、お訪ねした途端ハッとして、急に居ズマイを正し、「参りました」と心の中で叫ぶことも時にはある。

そこで今回は、古道具屋を自宅に呼ぶ時の秘策を教えましょう。オット、本屋で立ち読み中のオネーサン、買ってから読んで下さ

いネ。

まずは部屋を整理整頓、品物は全て隣へ移してしまう。次に、そのガラーンとした部屋の片隅に、ポツリと古い初期の手のソバチョコを、決して飾るというのでなく、さりげなく、一個だけ置いておく。これで決まり。簡単でしょう？　そして、もしできるなら、安っぽい硝子瓶なんかに一輪の花を投入れ、それをボロボロの板の上にでも置けば、もう絶対。ソバチョコの欠けや直しは気にしない、むしろあれば、もっと効果的なはず。入って来た古道具屋は必ず参ります。

つまり、職業柄、まず相手に気づかれないようにチラリと部屋を見渡す。と、それが眼に入る。「ウーム、これは出来る。ソバチョコでさえこの選択、この眼で仏教美術、鑑賞陶器、お茶道具……アア、どうも隣の部屋にはゴッソリとコレクションがあるらしい！」。どんどん空想は広がり、出てきた番茶も玉露に、ボロボロ板も法隆寺伝来品に見えてくる。どうです、やってみては。

ソバチョコは骨董の入門編だとよく言われるけれど、トンデモナイ。こういう数が多く、一見何んともない物の選択こそ、その人の人間性が表れる。だからソバチョコは楽しい物ではあるけれど、一番怖い物でもある。

（二〇〇〇・八）

伊万里染付猪口　江戸時代（17〜18世紀）　高5cm（左端）

20

エチオピアの聖書

［右／左頁］聖書　エチオピア　19世紀
革に彩色　185×7.5cm

染色家で

人間国宝だった芹沢銈介《けいすけ》さん（一八九五～一九八四）が亡くなって既に十六年がたってしまった。氏の作品は静岡の芹沢銈介美術館や倉敷の大原美術館などに収められているので、御覧になった方も多いだろう。又この方は世界中の古い工芸品の収集も御自身の「もうひとつの創造」としてとらえていて、大変な情熱を注がれた。

二十六年前、いかにも芹沢さんの好みそうなエチオピアの木製十字架を手に入れたので、骨董界の伝説的な人物に会える良いチャンスだと思い、紹介もなしに直接電話をしてみると、電話口に出てきたのは御本人で「ハイハイ、どうぞ持ってきて見せて下さい」と拍子抜けしそうな返事。こちらはまだ若かったし、最初の訪問ということでついつい力も入って、品物をゴッソリ持ってお伺いした。

挨拶もそこそこに、さっそく品物を取り出すやいなや、くだんの十字架一点だけを取り上げて「これは良い、嬉しいネ、有難う、じ

ゃ」と他の品物には眼もくれず、サッサと奥の部屋へ入られたのには参った、参った。せっかくこれだけの量を持ってきたのにとは思ってみても、一瞬の眼の勝負、とにかく説明が全然効かない、価格の安さが効かない、情も効かないのないないづくし。だけど帰り道は嬉しかった。この人を目標とし、この人をウッと唸らせる品物を集めようと心に決めた事を思い出す。

それから約十年間、三ヶ月に一度はお訪ねし、持ち込んだ物も何んとかほとんど買ってもらえるようにはなった。氏の選択は最晩年になっても最初の時と同じように速かったし、一度だって値段を聞かれたことがない。が、それはひょっとしたら、宝くじでも当たれば僕にもできるかも知れない。だけど、これはどうだろう。芹沢さんは品物の肩書、つまりいつの時代に、どこの国で、何に使ったかというような出自を一切問わなかった。直観で物を見る——言葉では簡単だが、僕たち凡人にとってこれは大変に難しい。氏はそれをやすやすと飛び越え、楽しんでいた。

昔、パリの古道具屋のマダムに会った時、「セリザワを知っているかい？　あれはとてもイイ男だネー」と、男に対してのとびきりのホメ言葉を彼女が使ったのを覚えている。彼の地で「イイ男」といえば、オシャレでセクシーということだ。その頃、氏はゆうに八十歳を越えていた。

写真のエチオピアの革製巻物は十九世紀の携帯用聖書。エチオピアのキリスト教は中世以前にヨーロッパの教会から異端として排除され、現在も原始キリスト教の姿のまま続いているという。この巻物が、初期キリスト教美術といわれるビザンティンやロマネスク時代の作品とどこか同質の雰囲気を持つのはその為で、良い意味で平面的な作風は東洋的でもある。この巻物と芹沢さんの作品はとても親しい位置にある、と僕は思う。

（二〇〇〇・九）

21

脱穀機と蜂集め籠

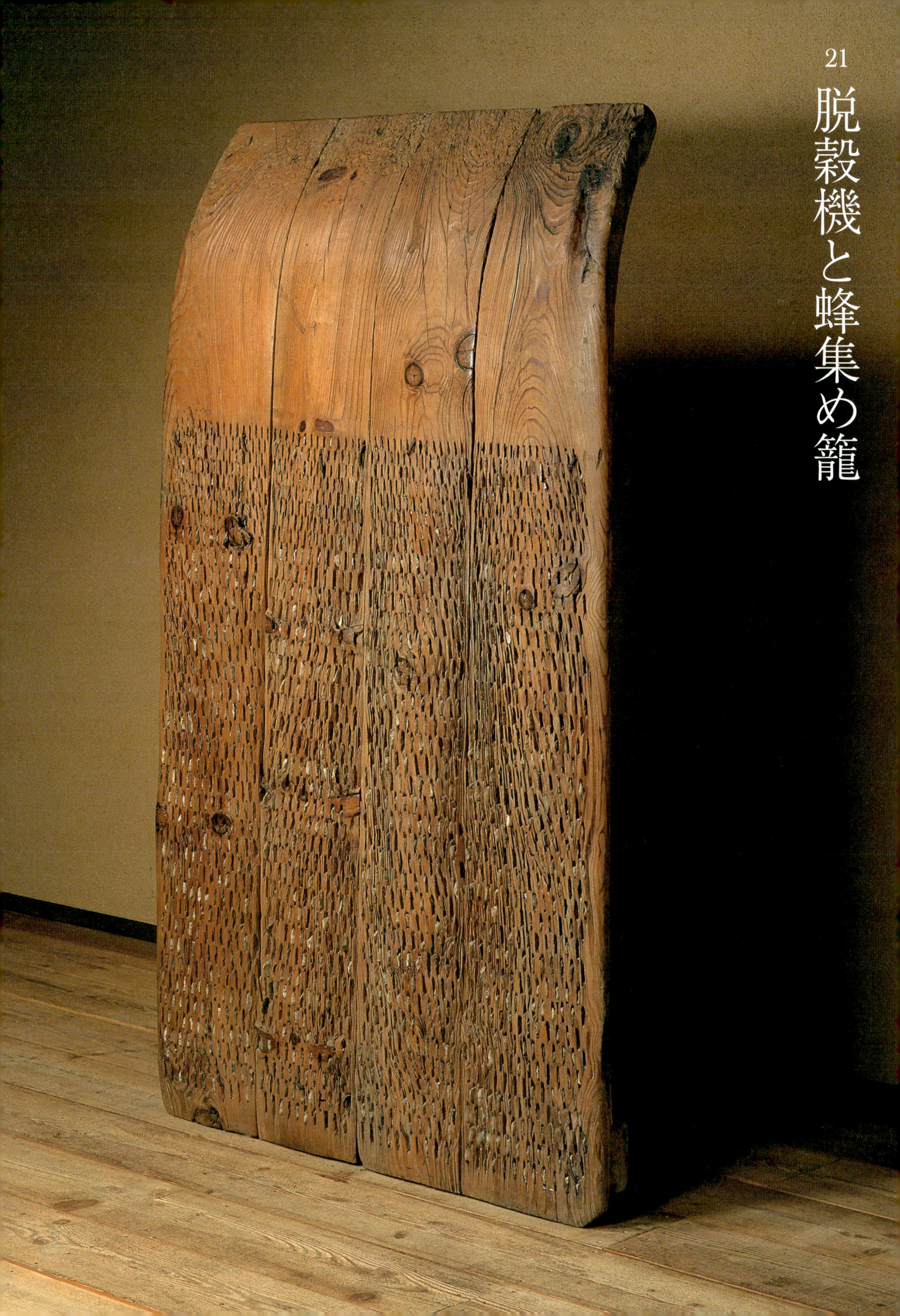

初めて

店に訪ねてきた若い人と話が盛り上がり、時には何の仕事をしているのかたずねることもある。「アーチストです、純粋美術の」なんて正面から堂々と答えられると、こちらは背中がモゾモゾ、気恥ずかしくなってしまって、出さなくてもよいお茶を入れるため奥の部屋へ隠れてしまう。

「純粋美術」って一体何なの？　と僕に聞かれても困ります。じゃ反対に「不純美術」ってものがあるのかと問われれば、欲やかけ引きを不純と考えると、これはあるある、世の中に溢れています。その不純美術を売るために、僕をはじめ皆ない知恵をふり絞り、絵を金ピカの額縁で飾り立てたり、焼物には立派な桐箱を仕立てたり……いや、忙しい。

しかし、どうも若い人が使った「純粋美術」という言葉は、用途が主な目的の「工芸」という言葉に対して使ったらしく、日常の用途を目的としない「純粋美術」は、それ故一歩高尚な自己表現のための創造活動なのだという気持を伝えたかったのだろう。自我という禁断の実を食べてしまった僕達近代人は、ものを創り出して行く時に、自己表現ということを避けて通るのは難しいのかも知れないが、この道は孤独で、厳しくて、ひとり天才だけが生き残れる道でもあるだろう。

それに較べ、僕の仕事で取扱う古道具は用途があって作られたものばかり。材料は手に入れやすいありふれたもの、形は機能を考え単純素朴。しかし不思議なことに、「純粋美術」の道を歩く人達が、努力を重ね、老境に到り、ようやく納得して創り出した作品と、僕達の身近にある平々凡々の日用品とが、思いもかけず、その姿、形や、情感が似ているのに驚かされることがある。

ここにあげた二点はどちらも農業大国のフランス製。脱穀機は木に石片を打ち込んであり、収穫した麦の上を牛や馬に引かせるもので、トルコやヨーロッパ全域で、ローマ時代から延々と使われてきた。蜜を取るための蜂集め籠は木の皮を編み、そこに泥を塗り込んである。いずれも用途に忠実な道具で、自己表現の作品ではない。

不器用で怠慢な僕は美しいものを作り出すことはとてもできないけれど、天才の道に果敢に挑む人達や、工芸の道を真摯に歩む人達に、遠くから声援を送ることくらいはできるだろう。どちらの道を行く人もその到達する所は同じ。ガンバレ、ガンバレ。

（二〇〇〇・十）

［右頁］脱穀機　フランス　20世紀
木、石　180×106cm

蜂集め籠　フランス　20世紀　樹皮、泥　長67.5cm

22

南アフリカのスカート

花の都

パリに行ってきた。到着したシャルル・ド・ゴール空港のターミナルⅠは、幾分古びてしまったけれど、僕にとっては相も変らず刺激的な空間だ。降り立った所から中央の円形ホールまで、動く歩道というのか、ベルトコンベアに乗って洞窟の様な中を進んで行く。この移動の数分間で、旅の気分はピリリと引きしまり、僕はフランスという国に対して最敬礼をしてしまう。まず音楽や注意放送がない、ザラッとしたドーム状の壁に広告がない、ベルトコンベアは大草原を歩く様にゆっくりと上昇下降をくり返しながら、薄暗い間接照明の中を静かに進んで行く。いつもながら感動的、不思議な空間体験。

どうしてこんな建築空間が許されるのだろう！　何んという国なのだろう！　とここでいつも考えさせられる。これは結局、国民一人一人が建築に、いやそれだけでなく、美しさというものに対して意識が高く、自国の文化に強い自信と誇りを持っているからに違いない。だからこそこの国の人達は、大切なルーヴル美術館の中庭に、中国系アメリカ人の設計したガラス製ピラミッドを建てさせ、古いマレ地区辺りに機械工場の様なポンピドゥーセンターを配置することができるのだろう。この国には異質なものをみずから刺激として取り込む力がある。

近頃、フランス人は「物の美しい線と色が解るのは、世界中で日

［上］革製スカート　南アフリカ　20世紀　50.5×94.5cm

本人とフランス人だけだネ」と言う。日本人＝装飾過剰、という旧来の彼等の考えを変えさせたのは、歌舞伎など伝統芸能の海外公演や、印象派の絵やアールヌーヴォーの硝子を日本人が買い漁ることではなかったし、又、高名な日本人作家の絵画や彫刻でもない。それは、たった三名のファッションデザイナーによる。三宅一生、Y'sの山本耀司、コム・デ・ギャルソンの川久保玲。

ところが一方で、フランス人はこの三人をフランスの大切なデザイナーだと言う。フランスの？　最初は耳を疑ったが、彼等にとっては物の美しさこそが重要で、作家の経歴、年齢、国籍等は関係がない。作家が作品を発表するのに最良の場を提供し、作品をキッチリと評価する、そんな国にこそ、作家や作品は属していると固く信じている。

その点、南アフリカ、ズールー族の人達が作った革製スカートは、これを見いだし、美しいと評価したフランスのスカートとも言える。もう一点は十五年間大切に着続けている、僕のY's製麻シャツ。

もしついでがあったら、シャルル・ド・ゴール空港ターミナルIIの最新F棟にも立ち寄って下さい。美しい。立ちつくすばかり。それに較べて我が成田は！　せめて警備のオジサンのビニール製らしき白色ベルトと、オネーサンのベレー帽だけでもどうにかなりませんか。

（二〇〇〇・十一）

［上］著者が20年近く着ているY'sのシャツ

23

日本地図

意表を突かれた。

小学校の図工の先生が久し振りに現れて、環日本海諸国図というものを見せてくれた。いや、驚いた。普段僕達が見慣れている地図とは南北の方位が逆、つまり上下が逆さまなのである。そこではロシアや中国の上に、日本海を挟んで日本列島が弓なりにひっくり返って寝てしまっている。富山湾沖には今まで聞いたこともない日本の「重心点」なんてものが打ってある。これはテッキリお土産品か、ある種のお遊びのつもりで作られたものかとも思ったが、企画発行・富山県と明示されているので、どうも大真面目、本気らしい。

椅子の上に立ち、少し遠くからこの地図を眺めると、永い間見慣れた日本国の塊がバラバラに壊れてしまって、日本列島は樺太から北海道、本州、九州、沖縄、台湾、更には遠くフィリピンやインドネシアに連なる島々の、単なる一構成員にすぎないことが見えてくる。そして日本海などと大きなことを言ってるけれど、よくよく見るとそれは中海、というより大陸付属の池の様だ。この中海や島々の間を、古代より人々は船を操り、自由に移動して交易し、文化を伝えてきたのだから、その結果多くの人達が自然に混血するのは当たり前のことだろうと妙に納得させられた。だとしたら国籍って一体何ナノダ、国境なんていうものも、たかだかその時代の国の力を背景にした利益境界線にすぎないこともウスウス解ってきた。時には視点を変えて物事を見るのも大切なのだ、ということを一枚の地図に教えられてしまった。

さて左頁の日本地図は、何度も書写されて伝わった李朝版世界地図帳の一ページ。この「ひとりよがりのものさし」というタイトルも吹き飛ばされそうなひとりよがり。自分達と交流が濃い地域は大きく、薄い地域は省略。東北や北海道の人達には少し気の毒にも思えてくる。しかし地図に限らず、主要なものを中心に据え、誇張し、平面的で、という表現方法は、日本を含め世界のほとんどの地域で昔から用いた手法なのだから、明治以降に西欧から輸入した自然科学的な遠近法で絵画の表現を教え込まれてきた僕達はある種の戸惑いを感じるにしても、この地図は何んだか懐かしく、親しみを覚えてしまう。

ところで、地図帳の第一ページは天下図、つまり世界地図。現在のヨーロッパらしき所には白民国、深目国に無腸国。はるか南方に目をやると、ありました、ありました。はっきりした場所はお教えできませんが、女人国！　ぜひ団体ツアーを組んで行ってみたいと思います。どうです、次のゴールデンウィークにでも、ひとつ御一緒に。

（二〇〇〇・十二）

日本地図　李朝時代(18世紀)　紙本着色　33×32cm

缶

ブリキ製茶缶　日本　20世紀　高21.2cm

若い二人連れが

店に入ってきて、ゆっくりと品物を眺めていたが、突然、「オジサン、これも拾ってきたものなの?」と不躾な質問を投げてきた。ついムッとしてしまって、後はダンマリを決めこんだ。しかし考えてみると、オジサンというのも本当だし、又、いつも僕は店にくる人達に「硝子戸の内側にあるから商品で、お金を払った後、外で見ると粗大ゴミ!」と公言しているのだから、若い二人の質問も当然といえばこれ又至極当然。彼らには気の毒なことをしてしまった。

そこで今回は、誰が見ても立派なものを取り上げよう。平安時代の銅製経筒で、お経を納めて経塚に埋めるもの。骨董の世界では平安は強い。縄文時代と言えば原始的だと蔑まれ、弥生、古墳と言えば「アア、大陸文化の影響品」と軽んじられ、では鎌倉時代と言い張れば「やはり武士社会のものは無骨だね」と骨董好きはスルリとかわす。その点、平安のものは誰からも文句をつけられない。繊細で貴族的で、純和風。特にその線は美しい。女優にたとえれば、原節子やヘップバーンというところ。

ただし、これを生かすのは難しい。それなりに立派な床の間つきの空間で、鑑賞する側も背筋を伸ばし正座して、幾分かの緊張を迫られる。僕にとって、そんなランデヴーは年に数回程度だととても楽しいことなのだけれど、毎日となるとちょっと苦しい。毎日が原節子さんだと身体に毒。むしろ赤いホッペの働き者と、一緒に寝っころがって生活する方が僕には合っている。

もちろん、世の中には原節子でなくてはダメなんだという人もいる。リンゴのホッペでなくてはイヤだという人もいる。又、僕の様にリンゴのホッペ派だけれど、時には原節子さんも、という優柔不断男もいるわけだから、人の好みは皆バラバラ、美しさに上位も下位もないのだろう。そして、人の選択がバラバラであるという多様性こそが、その社会の成熟度の高さや健全性を示していると、つい僕などは思ってしまう。

つれあいや友達という人間さえ、僕達はちゃんと一人一人が自分の判断で選択しているんだもの、たかだかモノである美術や骨董なんて他人の価値観に惑わされることはありませんヨ。

昭和の働き者のブリキの茶缶はさしずめ樹木希林、室井滋というところか。いいじゃないですか、僕は好きだなー。

（二〇〇一・一）

［右頁］銅製経筒　平安時代（12世紀）高33.5cm

美術館 as it is 模型　1994年　高12.5cm
製作＝中村好文＋陳雅琳

25

ダンボールの家

歳をとったら、

派手なアロハシャツにサングラスをかけ、真っ赤なスポーツカーの横に若い女の子を乗せて街中を疾走したいと夢見ているのだけれど、どうもつれあいは、ホームレスのオジサンになって、新宿公園あたりでダンボールの家に住むようになるのではないかと本気で心配している。僕はダンボールや、昔、馬糞紙と言われていた素材がかなり好きなのだ。

ダンボールといえば、昨年、仕入れた品物を梱包する為に、空箱を折り畳み、紙に包んで英国まで持って行った事があった。僕は外国の税関ではわりと自信があるというか、止められて調べられるだろう、という事にはいつも確信があって、案の定、この時も税関の人と目を合わさないようにしていたにもかかわらず、やはり止められた。

荷物の中身は何だ？　ときく。待ってましたとばかり「ディーズ、アー、エンピティ、ダンボールズ」と複数形をも考えた完璧な英作文、中学生の時に習った構文が一瞬にして口をついた事に、自分自身もウットリしてしまう程だった。が、別室に連れて行かれた。発音は幾分九州訛りで難があるとはいえ、これ程見事なキングスイングリッシュを理解できないとは、英国人も近頃落ちたものだなと考えをめぐらせていると、敵はサッサとレントゲンで中身を確認し、早く行っちまえと手で合図する。何んと無愛想な輩、税関は一国の顔だぞ、などと思いはしたが、もちろんそんな英語が口から出てくるはずもない。そして夕方、ホテルでふと気づいたのだけれど、ダンボールのダンって、段でした。ナルホド。

右頁の写真は、昔、建築家の中村好文さんが美術館 as it is［一一八〜一二五頁］を設計した際、ボール紙で作った模型。本物よりも美しいと言ったら怒られますが、やはり美しい。

左は一昨年新しい電気製品を買った時、箱の中でクッションとして使われていたもの。とても捨てられず、一年以上もテレビの横に置きっ放しだけれど、見飽きる事がない。将来、こんなステキな、モダンな家に住んでみたいと思う。

つれあいには長い間苦労をかけてきた。ここらでひとつ太っ腹な所を見せる必要もある。次の誕生日には景気よく、ポーンと家一軒プレゼントしよう……だが、しかし、やはり、ダンボール製の家といえども、オ、オシイ！

（二〇〇一・二）

ダンボール　日本　1999年　高8.7cm

26

風見

その昔、某国の総理大臣が風見鶏と言われていたけれど、僕もあの方に負けないくらいの風見鶏。平安の優雅な線こそが美の極致、と公言していたかと思うと、もう次の日には「見よ！　アフリカ美術の力強さ、従来の四畳半的オタッキーな鑑賞世界からオサラバしよう」なんて叫んでいる。だから、本物の古い風見が目の前に出てくると、とても見逃せない。

写真の風見は鉄製、ペンキ塗り。イタリア国旗と同じデザインだが、充分に十八世紀はありそうで、ここまで時代があると、たかが風見といえども黙って風雪に耐えてきた古格というか品格がある。人間の風見とは大違い。

この風見の持ち主はグラフィックデザイナーの山口信博さん。氏は建築誌の誌上で次の様に語っている。

〈グラフィックデザインの〉「余白」とは、余った白ではない。この充実した「無」の意識や美意識はわれわれの文化の基層を成している〉〈書の伝統によって身体化されているわれわれの「余白の美」の意識、時間芸術における「間」の感覚を、活字組版という場で意識化し、更に進めて計量できるものとして捉え〉云々。

なるほど、普段僕達が気にも留めない余白にも、デザインをする人達はこれだけのチカラを込めていたのだ。

僕の駄文は止めにして、ここでは風見と共に、デザインされた余白を見てほしい。

（二〇〇一・三）

［左頁］風見　イタリア　18世紀　鉄に彩色　高108cm

27

石皿

焼物を納める桐箱を頼まれた。古道具屋のくせして僕はそちらの方面には全く疎く、思い悩んだ末に、知人の道具屋に箱屋さんを紹介してもらった。不慣れな注文主だったにもかかわらず、紹介者が良かったのか、送られてきた箱は思ったよりも上出来で、古い布を選び、品物をくるんで箱に納めてみると、アラ不思議、安手の焼物もお宝の様に思われた。二、三日はルンルン気分、馬子にも衣装とはこのことかとニンマリ、ホクホク。

しかし時間がたつにしたがい、あれ程の熱い思いも冷めて、むしろユーウツな気持になってきた。どうも箱の方が勝っているというのか、その立派さが鼻に付く。無骨な焼物の居心地が悪そうなのだ。安物の杉箱やボール紙の箱が良かったのかなーなどと思いを廻らせている時、いやいや待てヨ、これにはやはりいつものように箱ナシで、クシャクシャの新聞紙にくるんでやるのが一番のお似合いなのだと気がついた。

そういえば数日前、新宿の超高級ホテルにお茶を飲みに行き、そのあまりの豪華さに腰が引け、お茶も飲まずにソソクサと退散してしまったことと、このことはどこか似ている。人間も物も分相応というか、中身と外側のバランスが大切らしい。

左頁は江戸時代後期に、街道沿いの茶屋などで煮物の盛り皿として使われた大安物の瀬戸の石皿、それも無文様のもの。石皿といえば日本民藝館には撫子文、土門拳さんは女風呂、秦秀雄さんなら高砂の絵というふうに、すぐれた文様のものも多いのだけれど、実は僕は、文様のないこんな貧乏臭い皿が、石皿の中では一番好きなのだ。そしてこれにはクシャクシャの新聞紙が良く似合う。

先日パーティでこの皿に煮物を盛って出してみると、意外や意外、いるんです、好きだというヒズんだ性向の人達が、続々と、確実に。そして若い古道具屋で、石皿は無文様のものしか扱わない（いや、扱えない、か）、石皿を鑑賞するなんていう世代はもう古い、使いこなしてこそ骨董だ、なんて言い切ってしまう連中がすでに現れてきている。こちらは苦節三十年、今になってようやく自分に合った品物がわかってきたところなのに。何んてったって若さはスゴイ！

無文様の石皿は世の中にゴマンとある。しかし魅力のあるものを見つけるとなると、何んともなくてフツーのもの故に、それなりに難しいということも又、事実です。

（二〇〇一・四）

瀬戸石皿　江戸時代後期　径35cm

28

ロシアイコン

「ナマンダーブ、ナマンダーブ、ナマンダーブ」。

僕の生家は商家で、両親は熱心な浄土真宗の門徒。母親は忙しい時間をやり繰りしながら少年の僕をお寺さんへ連れて行ってくれた。僕はこの「ナマンダーブ」の念仏にひたって育ってきたと言ってよいだろう。

あれから約半世紀、あの時の有難い念仏やお説教は少年の無垢で柔らかな心の奥深く浸みこんで、グズグズと発酵し、今や息子は仏道に一直線……ということには、やはりならず、いまだ愚息は何の信仰も持たず無為徒食、「古道具は人生そのものなのです」なんてタワ言を語ってはノーテンキを決めこんでいる。

ここで仏教美術の、これぞという一品でも紹介できればいくらか親孝行もできるというものだが、またしても親の顔に泥、他宗キリスト教のイコンである。

物の本によると、イコンとはキリスト、聖母、聖者達の行跡を描いた宗教画で、板絵が多い。イコンがギリシア正教とともにビザンティンからロシアに入ってきたのは十～十一世紀までさかのぼるという。

永い間ロシアイコンの小さな企画展をやりたいと思い、数多くの絵を見てきたが、そのなかでも魅力があるのはやはり十七世紀以前のもの。古くなればなるほどその魅力も増す。が、この分野は昔から評価が確定し、とても僕などが取り扱える分野でないことも解ってきた。十五年捜してようやく二点、うち一点がこれ。時代は十八世紀初期で北方の木造教会用、幾分大きめで、規格外だから手に入れることができたのだろう。

以前ある画商の方に会った時、具象画といえども三次元のものを二次元の平面に置き換えているのだから、全ての絵画は抽象画なのだよと教えられた。抽象ということが対象の核心を引っぱり出し、明確化する行為であるならば、神の理念という、目には見えない四次元のものを二次元の平面に表すイコンは、実はスーパー抽象画といえるだろう。形態や色彩を極限まで単純化、様式化し、そのことでより作品の神秘性や権威を高める。それは、僕達が教わってきた遠近法を使う写実表現ではとても表せるものではない。

仏道の精神は、とらわれない、こだわらない、かたよらない心だという。僕はとらわれ、こだわり、かたよった道を歩く者。しかし年を経て、もしその壁を突き抜けることができたら、ただ「ナマンダーブ」と唱えていた両親の世界とどこかで出会えるのかも知れない。

（二〇〇一・五）

［右頁］ロシアイコン　18世紀初期
テンペラ、板　48×40cm

アフリカの面

解らない、いくら考えてみても解らない。なぜあのアフリカの真っ黒でグロテスクなお面がヨーロッパやアメリカで高く評価され、売買されるのかが僕にはどうしても解らない。アフリカ彫刻はキュビスムの作家に大きな影響を与えたのだと教えられても、ピカソだってアフリカのお面をずいぶんと集めていたんだよと説明されても、同じである。理性と知恵で生きて行こうとする西洋の人達は、自分達とは全く異なる、アフリカの強烈な、骨太の、オドロオドロしい感性をモロにぶつけられたショックで気が動転し、ひたすら買い漁っているのかも知れないと思うこともある。

その点僕達日本人には、幸いにも縄文という濃くてドロドロとした文化の経験があるし、それにアイヌや沖縄の文化もある。強烈でドロドロ、そんなものにはもうずっと前から慣れっこなのだ。アフリカさんよドーンとこい、という心境なのである。しかも僕達は昔から美術工芸品に骨格なんてものを求めてこなかった。むしろ取り合わせの妙を楽しむ為に骨格のなさを、骨格を消し去ることさえを求めてきた。こういう国にはアフリカ原産の強烈なストレートパンチも効果がない、糠に釘。この国は古い時代から中国のパンチもずいぶん受けてきたけれど、試合が終ってみれば、相手を全部飲み込んでドロドロに溶かしてしまい、ついには和風に変えて吐き出すという意外な程強靱なソシャク力も持っている。あたかも練達の手品師みたいな国である。

さてお面はといえば、日本はホトホト、タイシタ国。飛鳥、奈良朝には伎楽面、平安には舞楽面、続いて能面や狂言面。全国各地の神社や民間にも中世以来綿々と使われ続けている多種多様な土俗面がある。日本こそ実はお面の王国なのだ。この国でお面が受け入れられるには、ただグロテスクで迫力があるというだけではトテモ、トテモ。もうひとつ何か魅力がないと難しい。

写真は西アフリカ、マリ共和国バンバラ族の面。アフリカ大陸の大迫力も既に風化し溶け去って、シンプルな形態だけを残すこの面ならば、きっと日本の空間でも、優しく静かに他のものと寄り添って行けるだろう。ウレシイことにこの手のシンプルで白っぽい面は、黒くてグロテスクなものに較べ評価額も数十分の一なのだ。

ヨーロッパやアメリカのお金持の人達よ、どうぞこれからもこの手の貧乏たらしいお面には目もくれず、大金を払って真っ黒の大迫力物だけをお集め下さい。

(二〇〇一・六)

［左頁］バンバラ族マスク　マリ　20世紀　木　長34.5cm

30 オランダ徳利と盃

待ちに待った

夏休みがやってくる。グアムやハワイに出かける人、ドーゾ、ドーゾ。大混雑のなかでゆっくり過してきて下さい。帰省する人、交通渋滞でゴクローサマ。毎年この時期、僕は誰もいなくなった東京のドマン中、静かな銀座に出かけます。地下鉄はガラガラだし、食後につまようじを嚙みながらスーハ、スーハしているサラリーマンの人達もめっきり少なくなった銀座は、実は天国なのです。取りあえず、気になっていた映画を一本見て涼み、夕方からは居酒屋へ。まずは冷たいビールを一杯、後はコップ酒におつまみ少々。これこそ最高のヴァカンス、至福の時、と呟きながらもう一杯。外はまだ充分に明るい。毎年続けているけれどやめられません。

ところで酒の器ということになると、骨董の世界では上戸も下戸もケンケンゴウゴウ、熱くなる。酒器は骨董の王様で、それによって持つ人の格が決まり、酒器が解れば骨董の、いや人生の達人だ、なんてところまで突っ走ってしまう。

手に入れた安物酒器に味を付け、一人前に育てる為に糖尿病も高血圧をもかえりみず毎晩酒を飲み続けている人も多いはず。それならばいっそのこと酒に器を漬け込んで置けば、と思ってしまうが、これが素人の浅ましさ、それでは汚れが付くだけで、飲んでは空にし、又注ぎ、撫でさすってやって誉めそやし、やっとの思いで幾星霜、いくらか真の味らしきものが付いてくるというのだから、ハンパな世界じゃありません。酒はヤカンからガラスコップに注いでもらい、グイグイと飲むのが一番で、どうしても徳利というのならメーカー直送の正一合ガラス徳利で願います、なんて言おうものなら酒席といえども命が危ないという、固陋《ころう》、頑迷の世界です。

右頁のガラス徳利は十七世紀のオランダ製。中世以来の伝統を持ついわゆる森林ガラスの系統に属するもので、この時期、冷酒用としてまことに良品。その柔らかな雰囲気は江戸中期に長崎で作られた吹き硝子と共通する。盃は同じく十七世紀オランダで日常生活に使われていた雑器。左はオランダのデルフト窯で十八世紀に作られた中国赤絵の写し。もともと僕は食器に文様はいらないという、ネクラでストイック派。けれど時には気分をかえて、ちょっと艶めかしいこういう盃で酒を飲みたい夜もある。オヤ、この盃使ってみると、いつのまにやら隣りに美女が侍り、ふだんの安酒も大吟醸に思えてきたゾ。

（二〇〇一・七）

オランダ色絵盃　18世紀　高4.8cm

［右頁］オランダガラス徳利とオランダ盃
17世紀　高13.5cm（右）

31
時計

どうも僕は、

すぐに人から影響を受けてしまうタイプであるらしい。そんなにヒョイと変心できるなんていつまでもお若くて……とウンザリ口調で言われることも多いけれど、なーに、要は根が軟弱なだけなのだ。

三十年程前、それまで愛や夢や花を歌ってきたフォーク界に、突然ジーパン、ブーツ履きの加川良という骨太な風雲児が現れ、恐ろしくドスのきいたダミ声で一世を風靡したことがある。♪腕時計ははめないんだー　ベルボトムは大嫌い　ウーウーウー。その時からキッパリと、僕は腕時計をやめた。

とはいえ生来の軟弱さはどうしようもなく、旅行や待ち合わせにはやはり腕時計は必需品と思ってしまう。左端の写真は、店にアルバイトに来ていた女の子が持っていたのを見て、すぐに買いに走ったもの。秒針も分針もない一本針で、「don't rush watch」と呼ばれている。シンプルなデザインが気に入って、長い間旅行の時はずいぶんと御世話になった。ところが残念無念、近頃はサッパリ……つまり老眼で見えません。そこで急遽旅先で買ったのが右側の腕時計、四千円くらいの大安物。値段を聞いて又々変心、三個も買い込んだ。その夜はホテルで喜色満面、色違いの時計を並べ、これをデザインした人に敬意を表して乾杯した。

右頁はフランスで買った掛時計。ブリキにペンキ塗り、今や刻印も消え失せ、どこのメーカーの製品かもサッパリ解らない。しかし何んともホンワカする良い味のもの。「オイオイ、ブリキに味があるのか」と言われれば、それはそれまでなのだけれど、僕はあると思う、いや、ある。真っ当な人生を踏みはずさずに歩こうとしている人達から見れば、これは一種のビョーキ、危ない世界。でも骨董なんてものは、一度は溺れて、病気にならないと何も見えてこないという、厄介で不可思議な世界。時には重くまつわりついた世の中の常識を捨てさって、裸いっちょで危ない尾根を渡る冒険をやってみるのも、ストレスを発散させ、健康を取り戻す良い方法かも知れません。右に落ちれば美の谷で、左に落ちればゴミの谷。たとえめでたく山頂まで辿り着き、やっとの思いで玉手箱を手に入れても、開いてみれば煙モクモク、無の世界。ついでながらこのブリキの時計、モチロン全然動きません。

（二〇〇一・九）

[右頁]時計　フランス　20世紀前半　ブリキ　長径44cm
[左上]著者が使っている腕時計2種

32

李朝の漆工品

二十年くらい

前のことだが、いつもジープに乗り、くだけた服装でブラリと立ち寄ってくれていた若い人が、突然、フランスの侘びた大扉を買うと言った。十七世紀は充分にあるものだから決して安くはないし、どうも古い物を買うのはこれが初めてらしい。オイオイ、チョット待った、骨董は定石通りソバチョコや氷コップから始めてくれヨ——と危うく喉まで出かかったが、相手が買うと言うのだから文句も何もあったものじゃない。

それから親しく付き合うようになって、この人の耳と舌のズバ抜けた感覚に驚いた。音楽を心から楽しんでいる。連れて行ってくれる安食堂はどこも美味、高価なレストランにも臆せず通う。鍛え上げた耳と舌を持つ人は、骨董という眼の世界に入っても実に成長が速かった。既成の定石などオカマイナシ、難しい応用問題もスラスラ解いてしまう。いかにも生っ粋の東京人で、派手でも地味でもなく、気負う所なく、思った方向へスイスイと進んでゆく。全くの自然体。

彼の自宅に招かれた時のこと、リビングに入るなり、チラリと一枚の塗り物［右頁］が眼に飛び込んできた。白漆に巴文、そのやつれかたも美しい。一瞬にして魅せられた。欲しい！　思わずひと言「売る時はぜひ私に」。

これは骨董屋の悲しい性。普段は何んとか隠しおおせているイヤシイ職業癖も、これ程の品を前にするともうバレバレ。実はこの言葉は骨董屋の常套句で、持ち主にとっては危ない罠。悪賢い骨董屋がこんなに欲しがるとはワシの眼もタイシタものじゃわい、ガッハッハー。「イヤー、その時には必ず声をかけますよ」と答えてくれればこちらとしては大成功、相手にとっては後の祭り。良心的な人程いざ売る時に昔の言葉に縛られて、結局は安い値段でポロリとこちらの手に落ちてくるという、超長期的な絶品獲得術。

その後彼はサラリーマンを辞め、イタリアの食料品を輸入販売するようになった。仕事は順調、気力体力も充実。住宅ローンもない。ああ、これではあの美しい塗り物が僕の所へくることは永遠になさそうだ。いや、しかし、人間突然気が変わるということも……それに、さっぱりした東京人といえども時には義理と人情に……そうだ、二十年間待ち続けている男に対する哀れみとか……。

（オーイ、聞こえてますか！）

（二〇〇一・十）

［右頁］漆工品　李朝時代（17〜18世紀）
径35cm　左上の図版は裏面

33

書

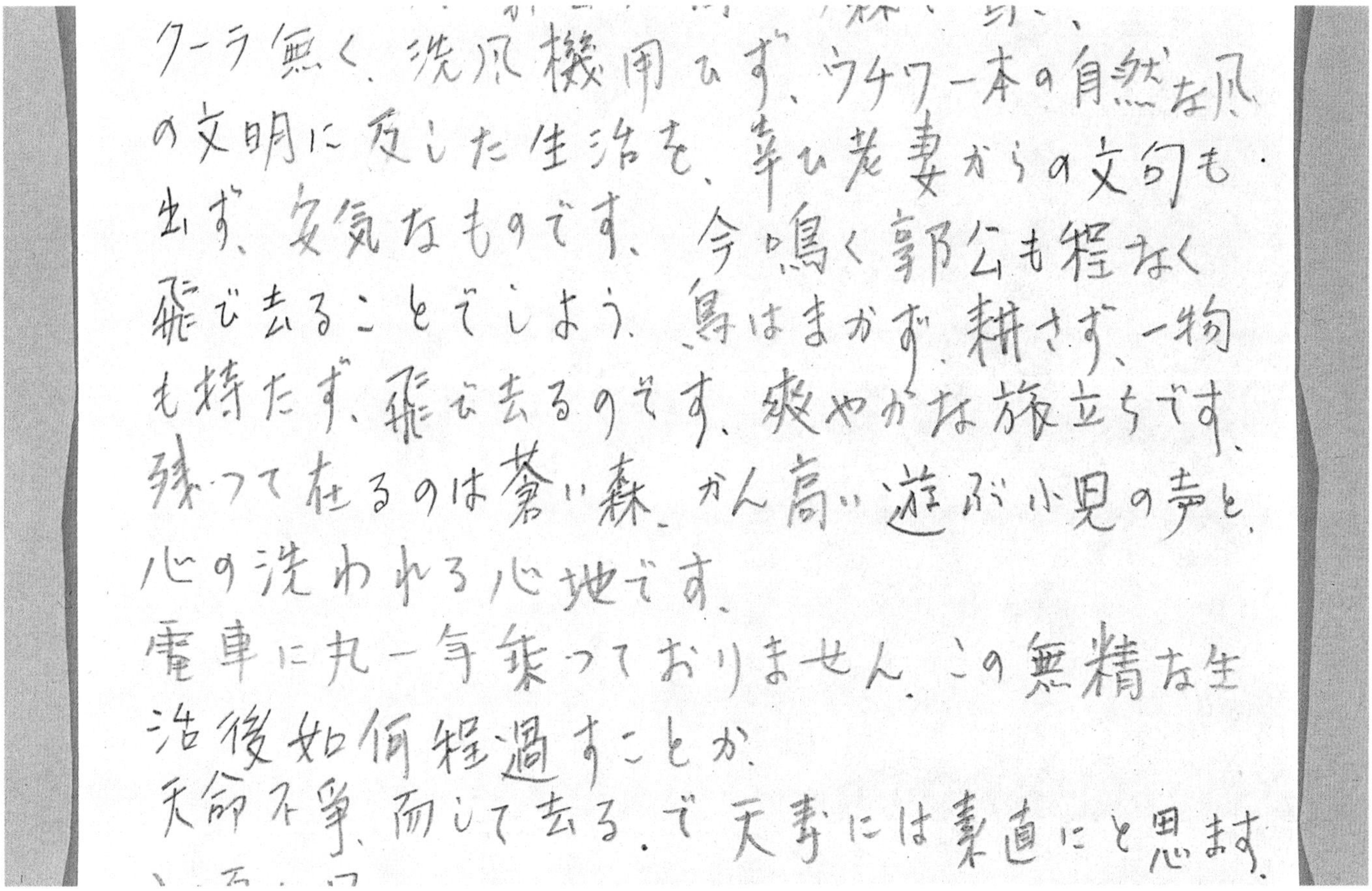

クーラ無く、洗風機用ひず、ウチワ一本の自然な風
の文明に反した生活を、幸ひ老妻からの文句も
出ず、安気なものです。今鳴く郭公も程なく
飛び去ることでしょう。鳥はまかず、耕さず、一物
も持たず、飛び去るのです。爽やかな旅立ちです。
残って在るのは蒼い森、かん高い遊ぶ小児の声と、
心の洗われる心地です。
電車に丸一年乗っておりません。この無精な生
活後如何程過すことか。
天命不争、而して去る。で天寿には素直にと思ます。

「眼の先輩」だった骨董商からの手紙（部分）

イヤー、今回は言いにくいというか、書きにくい。僕は悪筆で、皆に迷惑をかけっぱなし。しかしその為か、無知なくせして書にも興味があり、芸術新潮で連載していた〈石川九楊に「一」から学ぶ〉を楽しく読んできた。前編集長の山川女史も、「ひとりよがり」の担当カメラマンの筒口さんも石川先生の書の生徒さんなのだ。一度、メインの生徒である奥本大三郎さんが〝悪筆の魅力〟ということで中川一政の書を取り上げた時は「オヤッ、オモシロイことになってきたゾ」と思ったのだけれど、すかさず石川先生から「それは書に対する無邪気な理解です」とピシャリとやられてしまった。僕も武者小路実篤や相田みつを等のわざとらしい書はダメなのだ。

　美術工芸全般を見渡してみると、技術の完成度を極限まで高めようとした中国美術が世界最高という人もいるし、それを柔らかく優美な線に変えた日本のものこそ一番という人もいる。又僕みたいに、立派なものはカンベン、カンベン、難しい理論は解らんけれど、国や時代は関係なし、もっと日常的な、身近にあるものでいいんじゃない、と思っている人間もいる。書の評価も、もう少しバラバラでいいのではないだろうか。

　文字を書くという行為は、昔は貴族、官僚の世界の事。しかし今は我々庶民にとっても通信や記録の手段として日常のもので、筆が鉛筆やボールペンに代わっても、そういう普段の書の中にも美しいものがあるのではないか。いや案外、書家の作品より、ただの手段として庶民が記した文字の中に、かえって僕達の心を動かすような美しい書が……ガッツーン、石川先生の鉄拳が飛んできた。

　ずいぶん前、書家の新井狼子《ろうし》さんを訪ねた折、氏が編んだ『ここにこそ書は生きている』という冊子を戴いた。それは氏が「真実の書」と考えるものを収載した本で、帰りの電車内でパラリと冊子を広げたとたん唸ってしまった。まず巻頭にロダンの言葉がある。「芸術において醜いこと、それはまがいもの、作為的なもの、表現が伴わずに小ぎれいさや、美しさを装うもの、気どったわざとらしいもの、意味もなく笑うもの、理由もなく恰好をつけたもの、原因もなく形をねじまげ壊すもの、魂と真実とを欠く一切のもの、美しさや、優雅さを誇示するにすぎない全てのもの。嘘をつくもの一切のことだ」。参った。

　そこで今回は、その冊子で取り上げていた幼児の書と、僕にとって眼の先輩だった人からの手紙を掲げる。

（二〇〇一・十二）

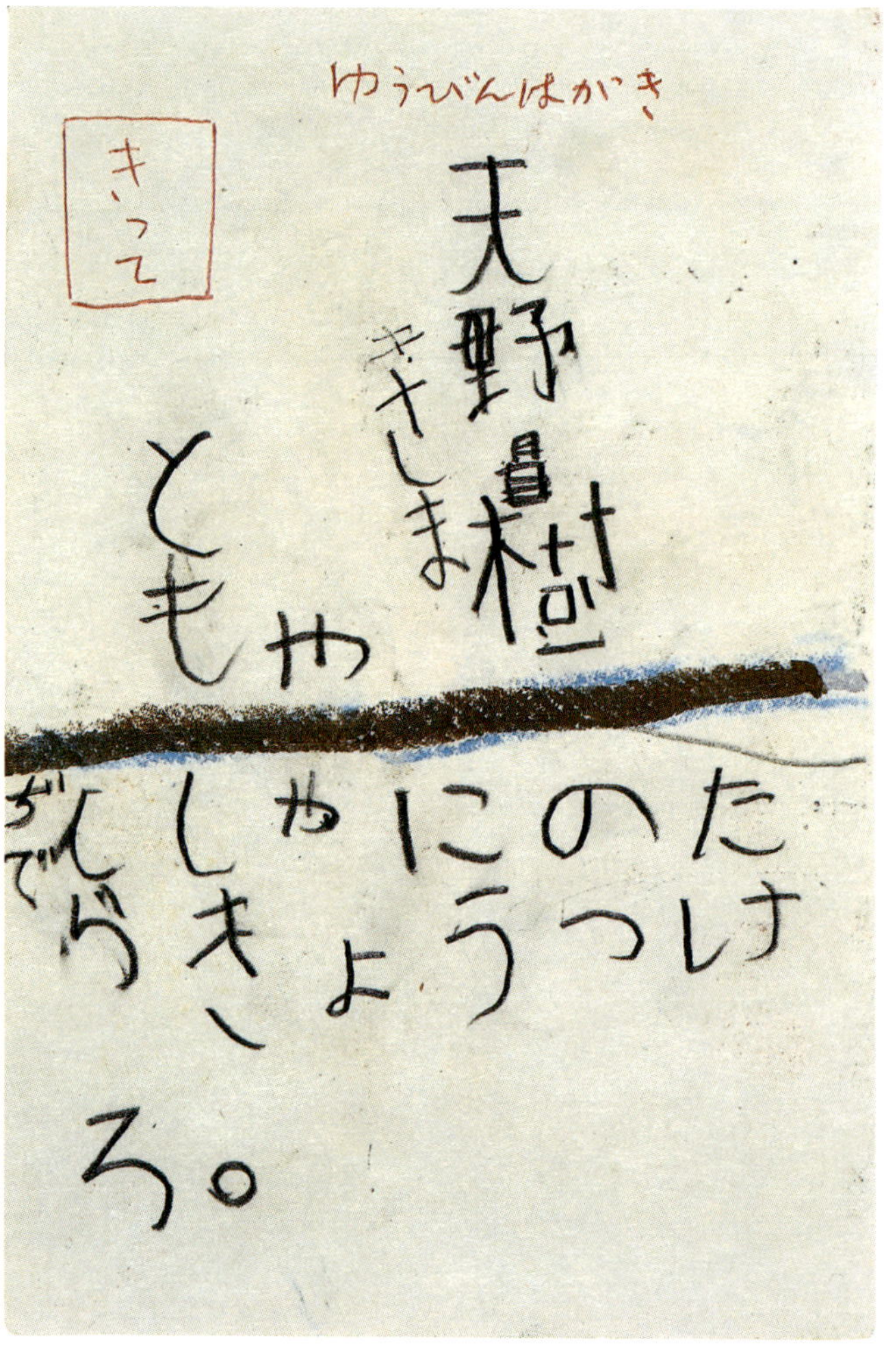

6歳の男児が友達に宛てた葉書
14.7×10.1cm

34

イタリアの刺繍裂

アパートの

水道管が壊れてしまい、この一ヶ月は久し振りの銭湯通い。通ってみると見事にハマって、手提げ袋など銭湯グッズも買い込んだ。洗い場のブリキ絵は少々ハゲているけれど、皆様お馴染みの富士山と駿河湾の帆かけ舟。それに何んてったってお湯の熱さが感動的。たまらず水で埋めようものなら、常連の御隠居さんやコワそうなオニーサンがジロリと睨む。ここは庶民の生活学校、いや私立江戸文化継承道場といってもよいだろう。このところ僕の休日は、鴨南蛮のソバかウドンに四百円の銭湯。それさえあれば極楽。世のなかに何んら不平不満はアリマセン。

さてここにあげたのはイタリアのルネサンス期、十六世紀初頭に織られた金糸絹糸の刺繍裂。神父さんが羽織る上着（ヴェルヴェット製コープ）に縫い付けるもので、当時のヨーロッパでは最高の技術と労力をかけた上手物。刺繍という不自由な表現方法に潜む職人の思いと、五百年近い年月が加えた色彩の渋みが、今の僕達に宗教的な深い味わいを示してくれる。

ところで、庶民的な銭湯&鴨南蛮と貴族的なこの布と、一体何の関係が？　と思われるでしょう。僕としてはどちらもとても気に入っているもの。ずいぶん頭を叩いて関連性とやらを考えてみたけれど……アッハッハ、やっぱり何の関係もありゃしない。どう考えても無理なのだ。赤いホッペの隣の娘が好きだけど、時にはあの八頭身美女の手も握りたい。例のあれです、支離メツ裂、チャランポラン。

人間の好き嫌いなんてコロコロと変わるもの、理論でキッパリと割り切れるものじゃない。柔らかな感受性を持つ人は、落ちている石ころの中から美しいものを拾いあげ、夜空の星や道端の花にも涙するというじゃありませんか。ナニ？　何を見ても何も感じない？ウーム、それならこうするしかないでしょう。必死に権威にすがりつき、高いお金を払ってせいぜい有名作家の作品や、世界に二点とないレア物でも集めましょう。理論で武装し、頭で理解して、イヤハヤ御苦労様です。

そうだ、もうすぐクリスマス。美空ひばりと三波春夫のCDは押入れに投げ込んで、今宵はワインでも飲みながら、久し振りに中世の教会音楽でも聴いてみよう。ワインに酔ったら唄のひとつも、♪オリンピックの顔と顔　ソレトトントト　トトントト……アレ？　いつのまにやら三波様！

（二〇〇一・十二）

［右頁］刺繍裂　イタリア　16世紀　123×24.5cm（右）／128×21.5cm
左上の図版は部分

イヌイットのお守り
アラスカ州セント・ローレンス島
19世紀前半　木、骨　長21cm(左)

35

イヌイットのお守り

アイヌ物、持ってますか？

ロンドンの古道具屋で、突然主人から問いかけられた。はすでにヨーロッパのチャンネルに切り換わっているから、ハテ、アイヌ？　何の事やらと戸惑ってしまったが、話を聞いて納得。アフリカやニューギニアやアメリカインディアンの工芸品、いわゆるプリミティヴアートを集めている彼は、未だ写真でしか知らないアイヌの工芸品も見たいと思い、業者にしては幾分風変りな格好をしている僕に声をかけたらしい。そして「今ヨーロッパではイヌイット（エスキモー）の工芸品を最後のプリミティヴアートと呼んでいるけれど、アイヌの工芸品こそその言葉にふさわしい」と、目を伏せ、少し恥ずかしそうに語った。こちらの頭

縄文時代の土器や土偶は、岡本太郎や宗左近といった人達がその真価を喧伝してくれたお陰で、日本の、いや世界の大切なプリミティヴアートだと認識していたものの、まさか時代の若いアイヌ物が……。意表を突かれてしまった。自由に物を観ましょう、なんて言っていながら、実際はガンジガラメの井戸の中。

もっとも日本でも大正時代から、アイヌの工芸品を民族資料としてでなく、美しい物として収集していた人達がいた。それは柳宗悦を中心とした民芸派の人達。その柳について、骨董の眼利きと言われた青柳瑞穂は、自著『壺のある風景』の中で次の様に記している。〈柳宗悦は、素直な天才である〉〈しかし、彼が明治大正に生きたということはやっぱり不運であった。初期茶人がいなかったら、そして、彼が李朝初期のあの茶碗類にめぐり逢う機会さえあったら、彼こそ、その美しさを発見する第一人者であったろうと思われる〉。どういうわけか眼利きと言われる人達は、民芸のシンパとされることを嫌う。この青柳瑞穂の素直さは、僕にとってはとても面白い。

写真はアラスカの西端、セント・ローレンス島に住むイヌイットの人達が、流木とセイウチの骨で作ったお守り。時代は十九世紀前半と考えて良いだろう。ちなみにイヌイットは僕達と同じモンゴロイド系。遥か昔にグリーンランドやアラスカ、シベリア東端など北極圏に近い所に移り住み、現在の総人口は十三万人とか。酷寒の不自由な土地で、我々と遠く祖先を同じくする人達は、これ程までにモダンで優しい工芸品を作り出したのだ。とすると経済的な繁栄や科学的知識の豊かさと、作り出される工芸品の美しさとはおよそ無関係、いやいやひょっとすると、むしろ反比例すると言って良いのかも知れない。

（二〇〇二・一）

36

木彫聖者像

毎年、春と秋には渡欧する。仕事なのだといくら言っても、家人は、それは単なる口実で、日常生活からの単独エスケープだと、スルドイところを突いてくる。しかし、男はヤル時にはヤルのだ。

と言いながら、異国の地への単身赴任、ダメダメとは思っていても心はウキウキ、足はついつい美味そうな食堂へ。庶民の市場を徘徊したり、建築探偵団をやってみたり……ナンダ、それってやっぱり遊びじゃないかと言われれば、それはそうなんですけれど。

パリでは時間をやりくりし、必ずクリュニー美術館に立ち寄る。佇まいは渋く、中世工芸品を中心とした展示のバランスも絶妙、小規模で混雑しないところも好都合だ。僕はいつも、狭くて薄暗い部屋を幾つか通り抜け、ロマネスク時代の木彫キリスト像の前に立つ。そして、時には稚拙にも見えるその十二世紀の直立像が、平安以前、あるいはエジプト中期王朝以前の彫刻と同じように、僕の心を揺さぶり、何かを訴えてくるのは何故なのか、又テクニック的にはとてもウマくなった鎌倉時代や、ルネサンス以降の彫刻が僕の胸に迫ってこないのは何故なのかと考え込む。製作技術の向上は、不思議なことに作品の真価とは連動しないものらしい。

ロマネスク時代の職人は自分の名を作品に残さなかった。村人達の浄財により、神の為の彫刻を刻んだ。中には名を彫り込んだ像もあるというが、その記し方は「我を創りしは……なり」。主体は創り手ではなく、常に創り出されたものの方だった。一方ルネサンス以降の作家達は、神の為とは言いながら、自己表現の為、パトロンを喜ばす為、つまり人間の為の美を志向し、そこに自己の名を堂々と残した。同じ彫刻でも、内に込められた刻み手の思いは全く違う。その違いは数百年の時のフルイにかけられて、今ハッキリと露呈している。物を創り出すとは、何んと厳しく、怖いことなのだろう。

この聖者像はスペインのカタロニア地方、あるいは南フランスの作という。時代は十三世紀後期から十四世紀初頭、既にゴシックに入っているけれど、田舎生れで流行に乗り遅れたせいか、まだロマネスクの雰囲気を色濃く残している。無宗教でノーテンキな僕だけれど、この静かで優しい像となら、のんびりと一緒に過すことができそうだ。

（二〇〇二・二）

［左頁］聖者像　スペイン或いはフランス
13〜14世紀　木に彩色　高77cm

37

ウインザーチェア

たまたま

通りかかった古道具屋で、懐かしい椅子を手に入れた。その折りたたみ椅子は、昔つれあいが道端に落ちているのを拾ってきて、僕が古道具屋を始めた初日に二百円で売ったものと同手の椅子。それを今、シミジミと眺めている。あれから二十九年、途中フラフラと右に揺れ、左へ傾き、平安の経筒からブリキの茶缶へ、古代エジプトの壁画を買込んだかと思えば落ちている石を拾い、時にはプリミティヴアートや現代美術にカブれたりもしたけれど、それぞれの時点ではできるだけ素直に、心を動かされた物を取り上げてきたつもり。はたして僕の眼は進んだのか後退したのか、好みが変ったのか、自分ではサッパリ判らない。

そこである時、開店当初からたゆまず通ってくれている女性に「私、変ったんでしょうか?」と不可思議な質問を投げかけた。相手は少しも動じずに「イイエ、チットモ。昔のままですヨ」。

この二十九年間、こちらは気合を入れて、変身、変身、又変身、時にはコソッと権威に石を投げつけたりもして少しずつ、前へ前へと進んできたはず。それなのに「変らず」とは……。しかしこの言葉、僕は奇妙に嬉しかったし、何んだか少し救われる思いがした。

ところで、彼女は我が店のパトロンである。昔から芸術のパトロンはひたすらお金を出す係と決っているけれど、この人は出さない。お金のかわりに口を出す。その言葉で僕に勇気や刺激を与えてくれる。怖くて足を踏み出せないでいる時は、ソッと背中を押してくれるし、沈み込んでいる時は褒め上げてくれる。

右頁の椅子は、何の装飾もない英国のウインザーチェア。二百五十年間ずっと使われ続け、いくたびも修理されながら今日まで伝わってきた。今頃になってやっと気づいたのだけれど、我が店のパトロンたる女性のふっくらとした包容力と、この古格ある椅子のおおらかさとは、同質のものだ。

（二〇〇二・三）

［右頁］ウインザーチェア　イギリス
18世紀　木　高106cm

38

灯火器

毎日、僕は歌いながらの徒歩通勤、近頃はもっぱらこれ、八代亜紀の「愛の終着駅」なのだ。♪文字のみだれーは線路のキシミー　と気分がググーッと盛り上がったところに、今日もやってきました霊柩車。この車、黒塗りのボディの上に金ピカで、やけに派手な神社仏閣めいたものを乗せ、屋根は高価な銅板葺き。雨の日は金ピカ彫刻保護用の透明ビニールシートを被せる。見事な程にキッチュでエキセントリック。僕達の国には団体専用お座敷列車やシャンデリア付きの観光バスという、とてつもなく有難い乗り物もあるけれど、珍奇という点ではとてもこれには敵わない。

といっても、僕は昔、霊柩車以上に珍にしてエキセントリックな建物を見たことがある。このあいだ床屋での待ち時間に、それがズバリ紹介されている写真集を発見。説明文によると、この建物、実は我がニッポンの国宝で世界遺産、姿は白鷺が飛ぶように優雅で、古来より「白鷺城」と呼ばれてきたらしい。

ウーム、困った。世間の大多数の人達にそう見えるのだから、多分、いや、当然立派なものなのだろう。しかし、いつものことながら、本当に言いにくいけれど、どう写真集を引っ繰り返して眺めても、僕にとってしゃちほこを乗せた姫路城は田舎のパチンコ屋さんか観光地のソバ屋さん、そして、あの霊柩車のキッチュな姿と重なってしまう。あんなハッタリをきかせた威容はウサン臭いし、異様だと思いません？

一方こちらは廃材で作られたブリキ製灯火器。粗末の極み。この粗末なものと国宝たる姫路城を較べてみようなんて、そんな大それた、恐ろしいことを考えては……オリマス。一方は仰々しくて取り澄まし、他方は不器量でさり気ない。どちらを美しいと思うかは、所詮その人の生き方次第。

このふたつの器の内側に潜む空気は全く違うもの。アッチかコッチか。コッチかアッチか。しかし、そんなことには全く関心のない、健全な人達の努力と忍耐でこの世の中が回っているのは間違いない。

（二〇〇二・四）

［左頁］ブリキ製灯火器　日本
20世紀　高25cm

39
螺旋階段用ガード

大きいことは

イイことだ！　それが全て、と、そこまでは思っていないけれど、僕は大きな物に弱い。骨董好きも、小ぶりでピリリとした味がある物を集める人と、大きくて豪快な物を求める人の二派に分かれるようだ。では華奢で小股の切れ上がったオネーサンと、ブリジット・バルドーやソフィア・ローレンの迫力ボディ、どちらに惹かれるかと問われると、ウーム、それは困る。どちらも好き。とまあそんなことで、なかなかスッキリとは割り切れない。僕の見聞からすると、どうもそうした好みは先天的、絶対的なものではなく、その人が住んでいる住宅の広さや質によるようだ。迫力物が好きな人は、古い民家やコンクリート打ちっぱなしの広い空間に住み、小ぶりな味に惹かれる人は、華奢な和風家屋や四畳半の木造アパートなんかに住む。

けれども、大きな物が好みというのは古道具屋としては大欠点。なぜならコレクションする人があまりいない。そこで僕としては、早くそんなツマラン好みは是正して、大物は皆粗大ゴミ、小品こそが骨董の王道だと言えるようになりたいと、日夜粉骨砕身努力中というわけだ。

写真の鉄製ラセン階段用ガードは、十七世紀フランスの物。酷寒のパリで見つけた。長さ四メートル。大きくて重い。運送が大変そうだし、手持ちのお金も足りなかったので一度は諦めたのだけれど、一緒にいたつれあいが心得顔にサッとお金を貸してくれた。

のどかな昼下がり、これを壁に立てかけて眺めると、カーヴは優雅で美しく、光の加減でキラキラと輝くユリの文様も幻想的。よくぞこんな大物を買い切ったと、自分で自分をほめちぎる。けれども夜になり、もう一度眺めてみると、ただ大きくて重いだけの鉄の塊。次第にその重さがこちらの心にのしかかってきて、どうしてこんな物を買い込んでしまったのかと落ち込んだ。

とうとうある晩酒に酔った勢いで、つれあいに「何故むやみにお金を出したんだ。どうして止めてくれなんだ」と八つ当り。しかし敵は眉一つ動かさず「トニカク寒かった。お金さえ貸せば早くホテルへ帰れると思って」。ソウカ、ソンナコトダッタノカ。

（二〇〇二・五）

［右頁／下］螺旋階段用ガード　フランス
17世紀　鉄　長4m

40 帽子

中年過ぎの

僕は少々ハゲ。家族には「滅びゆく草原」とからかわれている。確かに冬は寒いし、夏の直射日光にも弱い。中年のハゲとデブは少女達にも嫌われる。テレビや新聞の広告も、やれ「カツラを被れ」だの「増毛しろ」とかまびすしい。

しかし御同輩、「簡単着脱、強力装着かつ低廉」なんていう業界のキャッチコピーに惑わされてはいけません。天然物が残り少なくなっても、やはり男は裸の頭で勝負したい。そもそも僕達はもっと自信を持ってイイ。床屋や風呂屋ではキチンと一人前のオアシを払っている。地球環境にだって優しい。洗髪に使う湯量は少ないし、

[上]革製帽子　フランス　19世紀　長径31cm

僕達がいれば部屋の灯りだって……。この際堂々と、世の暗闇に潜む不正癒着を我が前頭の輝きで照らし出さん、というくらいの気概で人生を歩みたいものだ。

とはいうものの、時には気弱になることもある。しかし、だからこそ、神の助けとも思える種々の帽子が、我々の為に用意されている——と言っておいてナニなんですが、僕の帽子姿は家族には極めて不評。原因は解っている。顔が扁平で後頭部は絶壁。パナマ帽を被ると、上京した田舎のオッサンになってしまうし、英国製純毛のハンチングは「番頭はんと丁稚どん」の世界。思うにヨーロッパ系の帽子が似合う為には、彫りの深い顔立ちと前後に長い頭蓋骨が必要なのだろう。

ミレーの《晩鐘》に描かれた農夫の帽子を想わせる右頁のものは、十九世紀フランスの鉱夫用の革製帽。もう一点は草で編んだ李朝時代の帽子。どちらもシンプルでカビだらけのキタナ色。この二つなら、僕にだって似合うだろうというひそかな自信がある。あとはテレビで見た、アフガニスタンの兵士が被っているマッシュルーム形の布製帽が加われば、僕の帽子コレクションは完璧。そんな帽子を被って、銀座四丁目あたりを口笛吹きながら歩いている男を見かけたら、それはもう当然私です。お声をかけて下さい。

(二〇〇二・六)

[上]帽子　李朝時代(19世紀)　径51.5cm

41

虫籠

友人知人が皆本屋での立ち読みを決めこんでいるなか、有難いことに僕の知る限り三名の方が、この連載を見る為に芸術新潮を買ってくれている。今回はその奇特な方々の御恩に報いるべく、ハウツーもので行きたい。ハウツー・バイ・骨董品である。

　と、大上段に構えてみたけれど、僕には何の理論もない。そこで某コレクターが使っていた秘法を紹介しよう。それは〝擬人法〟、つまり出会った品物を人物に置き換えて、ふるいにかけるというもの。例えば平安時代の須恵器。タップリと灰釉がかかってピリリとした完品は、東大法学部出身で財務省勤務、幾分冷たい印象の厳格な紳士。で、僕はパス。フランス・アールヌーヴォー期の色被《いろき》せ硝子は、色っぽくてちょっと毒がある飲み屋のマダム。テーブルの下で小指を絡ませてくれるけど、帰り際には怖いオニーサンが現れてしこたまボラれそう。これもパス。立派な箱書付きの茶碗が出てきたら「オッ、アルマーニのスーツにカルティエの時計をはめたオッサンか。この手は危ない危ない」と慎重を期す、といった具合。この方法を使えば天下一の名宝でも、アフリカの見知らぬ品でも怖いものなし。友達になりたい人や、自分と永く一緒に暮せそうな人を選ぶのと同じだから、簡単簡単、誰に頼ることもない。

　ところで世の中には、かつての政財界のお歴々茶人のように国宝や重要文化財級ばかりがお好みという人達もいる。が、考えてもみて下さい。自分の周りが学業優秀、品行方正、勲章をぶら下げた完全無欠の人ばかりでは全くうっとうしいし、息が詰まる。普段は箱にしまいこんで、年に一回取り出して撫でさするくらいが関の山。あげくは収集品を美術館に一括寄贈してホッと一息。近代を代表する大コレクター、荒ぶる侘びの大茶人の松永耳庵でさえ、晩年の写真を見ると、新聞紙の上に乗せたアルマイト製ヤカンから湯を注ぎ、茶を点てている。どうやら大茶人というものは、大変な経費と時間をかけて、最後にそんな抜け切った境地に到達するらしい。

　その点、清く貧しい僕達は幸せ者。もう最初から抜けた境地。じめじめと暑い季節には、熱い番茶をズルズルとすすりながら、こんな安っぽい虫籠を窓際に吊るすだけで、スーッと涼しくなるというもんだ。

（二〇〇二・七）

［左頁］虫籠　日本　20世紀　針金　高9.5cm

小島郁子《はざまの時間》 2000年　陶　長70cm

42

現代陶芸

少々ブッソーな

話になるけれど、骨董屋を殺すのにナイフはいらない。常連客が秘かに談合し、店に通うのを二、三ヶ月間止めてしまえばそれでオシマイ。日頃からイケイケドンドンと大口を叩いている道具屋も、ナーニ、何も絶対的確信があって物を選んでいるわけじゃなし、オダテ上げてくれるサポーター様が来なくなれば意気消沈。ハテ、やはり俺の考えはつまらぬひとりよがりで、ただの幻想だったのかと気弱になって食欲減退、最後は餓死するに違いない。

　談合があったかどうかは知らないけれど、昔、僕もこの弱気の虫に取りつかれたことがある。誰一人訪ねて来ない店内で、今日こそお客が来る、来ない、来る、来ない……とトランプめくりを始めたらもうアブナイ、イケマセン。

　その頃誘われてシブシブ出掛けたのが、ポーランドの女性現代美術作家マグダレーナ・アバカノヴィッチの展覧会。会場の高い天井からは、人の手で編み出したとは思えないほどの圧倒的ボリュームの布が吊るされ、床には麻製の人型座像が後ろ向きに数十体。それまで「現代美術なんて軟弱な芸術至上主義者のマスターベーション。その作品は崇高なる粗大ゴミ」と豪語していた僕だけれど、この時ばかりは頭をハンマーで殴られ、心を揺さぶられ、おまけにいっぱいの勇気を与えられた。「アア、こんなこともあるんだ。芸術はイカサマなんてもんじゃない。ひょっとしたら一瞬にして人間を変えることができる、トンデモナイものかも知れないなあ」と呟きながら、尻軽男は元気回復、勇気百倍、すぐさま仕入れの旅の切符を買いに走った。有難う、アバカノヴィッチ。有難う、セゾン美術館。

　僕は片寄った考えを持つ古道具屋。心に響く物というのは、用途に忠実に作られて、しかも長く使われ続けることで熟成した古い道具のなかにだけ存在すると信じてきたけれど、どうもそれは狭いものの捉え方らしい。作家が自身の内面を厳しく見据え、恐れず自己を表現する。そんな風にガンバッテいる現代の作品も、見る者の心を揺さぶり、勇気を与えてくれる。しかしそれはイバラの道、天才だけが生き残れる厳しい道。

　そして今、その道を歩こうとしている若い作家がいる。ソーッと遠くから、邪魔にならぬように声援を送ろうっと。

（二〇〇二・九）

43

コプト裂

旅は一人でするもの、と永年信じていたはずなのに、ある時、同年輩の同業者二人と、日本人貧乏絵描き御用達のパリの星なしホテルに泊まることになった。

翌朝誘われて、ルーヴル美術館にも品物を納めているパリの業者を訪ねた。目の前に二十枚程のコプト裂が並べられるや、前日までの「僕達同じニッポン人。貴方連れて行く人、僕ついて行く人」なんていう甘っちょろい依存心は瞬時に吹き飛び、我れ先にと一枚ずつゲットした。

その夜は自画自賛の品評会。しかし各々が自慢げに取り出した収穫品は、これが同じコプトの裂かといぶかる程に時代も技法も雰囲気も異なっていて、コプトでは稀な絹糸製の格調高いものがあるかと思えば、最末期でイスラム色の強い縞文様あり、なかで僕の選んだのは中央にロバがいるマンガチックな布。あれやこれや言ってもイザという時は皆キッチリと自分の好みで選ぶものだと大笑いした。裂という狭い分野の評価でさえこの有様、とすると美術大学の入試や美術賞等は何を基準に選択を……。業界の最高名誉たるナントカ院会員は何を以て……と、だんだん話は危ない方向へエスカレート。もしかしてアミダクジ？　いやいや、やはり顔でしょうと言う者あり。しかし、絶対的な条件はこれ。長生き。

ところでコプトとは、二世紀ごろエジプトに伝わったキリスト教に帰依した人達を指し、その文化は土着のエジプト美術と、グレコ・ローマン、ビザンティン、アラブ等の美術が融合した独特の東方初期キリスト教美術を形成していたとのこと。彼等は特に染織の技術にすぐれ、墳墓から発掘される裂は、布狂いの多い日本にも戦前から良い品がたくさん将来されている。

この裂は昨年手に入れた。コプト裂としては珍しく大きなもので、しかも僕の好きな輪《わ》奈《な》織《おり》（ループ織）。嬉しくて嬉しくて、誰にも見せぬように押入れの奥深く隠し、時々密かに取り出しては楽しんでいたが、もうイケマセン、我慢ができない。エーイ出しちまえ。

しょせん僕も若い女優さんのごとく、何んだかんだ言ったってやはり見せたがり屋なのである。

（二〇〇二・十）

［上／左頁］コプト輪奈織布　エジプト
5〜8世紀　51×118cm

44 車簞笥

一見、いや、ほとんどホームレスと覚しき人が店に入ってきて、入口に置いてある車簞笥をジーッと見続けている。不穏、不審の輩。こんな時は相手を刺激してはイケナイ、危ない。僕は、ドッシリとした風を装い、それでも何かの時は裏口からすぐに逃げ出そうと腰を半分浮かしながら、そ知らぬ顔で新聞を読み続けた。

二十分程経っただろうか。「この簞笥には参った。降参だ」という呟きが聞こえた。そして、売約済の赤札が付いているのに気付き、フーッと息を大きく吐き出しながら「こんな物を買う人がいるなんて、東京は広いネー」と話しかけてきた。実はこの簞笥、この連載で取り上げる為に、僕が自分で赤札を付けておいたもの。だけどそんな事情を話すと長くなる。この手のお客はできればお早く退散願いたい。「ハイハイ、世の中いろんな好みの方がいらっしゃって」と軽く受け流したのがイケなかった、火に油。相手の眼は異様に据わり、「これは好みなんてものじゃない。その人の人生観の問題なのだ」とググッとこちらに迫ってくる。ムムッ、これはデキる。ただのフーテン野郎かと思っていたけれど、ひょっとして骨董の天才かも。はた又、大金持ちがわざとボロッちい格好をして……。頭は混乱、気は動転。その上この人、話をしながら初期伊万里の発掘陶片なんかを弄っている。

そこで骨董屋のとっておきの言葉、「何をお集めなんです？」と切りかえしてみた。その答で、先方の骨董キャリアや価値観が知れるもの。ところが答は「何んにも集めていない。興味があるのはプラスチックの古い椅子かなー」。

困りに困って、昔作った店のカレンダーを押しつけ、住所と名前を聞き出した。住所は○○荘○号室。ナーンダ、正真正銘のビンボーな方だったようだ。それにしても骨董屋という仕事は難しい。この客は帰り際「今日は良い物を見た。有難う」と声をかけてくれた。僕は心底嬉しかった。

簞笥は桐製、ボロボロ、虫喰いの大安物。しかしそのプロポーションの良さと、引き手の金具などに見られる軽み——これが日本の家具本来の美しさではないかと僕は思っている。

この対極にあるのが舟簞笥。欅の玉目《たまもく》という最高級材を使い、手数をかけた金物も立派、豪壮で超高価。僕の眼はいつまでたっても節穴だから勝手を言ってしまいますが、あれは単なる田舎のダンナ趣味。日本は世界で一番木工品が高い国で、又、一番安い国でもあるといわれるのは、残念というか、有難いというか、複雑な気持だが、本当だ。

（二〇〇二・十一）

［右頁／左上］車簞笥　日本　19世紀　桐　高83cm

45 ティースプーン

写真のティースプーンは年間に十本程も売れて行く、我が店ダントツのロングセラー商品である。形はちょっと前まで使われていた、氷あずき用ペラペラのアルミスプーンと似ている。が、こちらは約二百年前の正統英国純銀製。まず一本さえ押し売りしてしまえば、後は黙っていても「もう一本」となる、古道具屋にとってそれはそれはスグレ物。しかし、恥ずかしながら、僕は昔ある人がこれを取り上げるまで、その美しさに全く気付いていなかった。

あれはまだ店を始めたばかりの頃、それまでわずか二度しか会ったことのない人から、ヨーロッパの仕入れ旅行に連れてってくれと懇願され、大困惑。こちらは旅は一人でするものと信じ込んでいたし、泊まるところは共同シャワーに共同トイレの安ホテル。おまけに朝から晩まで品物かかえての死の行進。一方その人は会社の行き帰りともにタクシー、職場では机の上に足を投げ出して部内を睥睨しているとか。イヤダイヤダと再三断ったのだけれど、「決して迷惑はかけないし、毎晩食事をゴチソウする」という甘い言葉に乗せられて、もうどうにでもなれとイザ出発。ところが出かけてみるとこれが楽しいのなんのって。連日飲み、語らい、刺激を受け続けた夢のような我が青春の一ページだった。

ティースプーンはその時、その人が見つけ出したもの。さすが日本の古美術で鍛えた百戦錬磨のツワモノ。ガラクタの山の中からスイと取り上げるや、イイナーと大感激。きっとそれまで僕も幾度となく眼にしたはずなのに、全く気付いていなかった。見せられた時はただフーンと一言で片付けたけれど、内心は我が眼のフシ穴かげんにガックリ、ボー然。しかしそれ以降、素直で変り身の早い僕は、このスプーンを「先生」と呼び、仕事の道標としてきた。

あの旅からもう二十七年、僕が熱く想うあの人は、ちっとも姿を現さない。展覧会の案内状や年賀状を送っても何んら音沙汰なし。

数年前、突然本人が現れた。意気込んだこちらが「あれほど楽しい旅をした仲なのに、どうして今まで……」と詰めよれば、「こういう関係ってオモシロイよなー」と肩スカシ。スプーンの御礼を言っても、ソウダッタカナと知らないふり。しかし帰り際「あの旅は僕達の原点だったネ。今でも旅は続けているよ」と言い残して去って行った。

一時浪人中だったこの人も近頃は現代人の生活に革新をもたらしていると評判の某雑誌の総編集長。ナルホド、本人が本当に好きな企画だけを打ち続けているんだもの、この雑誌売れるはずだわ。

（二〇〇二・十二）

［左頁］ティースプーン　イギリス
18世紀末〜19世紀初頭　銀　長12.9cm（手前）

46

埴輪

久し振りに

埴輪に出会った。鼻は取れ、顎の部分も剝がれ落ちている。初めは通り過ぎてしまおうと思ったのだけれど、優しそうなタレ目と、民謡でも唄っていそうな口元にひかれて、フラフラと買ってしまった。

　埴輪も土偶の一種だろう。オリエントでは紀元前六〇〇〇～前五〇〇〇年に地母神像が、南米エクアドルのバルディビア地域でも前二〇〇〇年以前に女性像が作られている。中国の漢や唐の俑は僕達にとってお馴染みさん。そして我がニッポンには世界に冠たる縄文土偶がある。しかし、どれも、どこか埴輪とは違う。あるものは恐ろしく呪術的だし、あるものは写実的で入念、立派な作品。埴輪のアッケラカンとしたおおらかさ、恬淡とした軽さがない。又、埴輪は、平安時代以降現代に至るまで我が国の工芸品を覆う和風、つまり優美や雅びの世界とも縁がない。縄文のドロドロとも、平安以降のスーパーデリケートとも無関係、そこが埴輪のオモシロさ。

　すでに硬質陶器が作れる時代、墳墓の土止めにもなる素焼円筒埴輪なんかはどうせ気楽な量産品。人物や家や動物をかたどった形象埴輪にしたところで、どのみち風雨にさらされて土くれとなるもの。作り手の職人はせいぜい数十年もってくれたらと、呑気に構えて作っていたはず。まさか千数百年後に発掘され、美術館で鑑賞されるなどとは夢にも考えなかったに違いない。だから美術はオモシロイ。そうした職人の無自覚、呑気が埴輪を埴輪たらしめた。

　この前のサッカーワールドカップの時、日本人選手の茶髪とトサカ頭に保守系議員が文句を付けたけれど、そういえばこの方々の髪型と、政策上は正反対の超革新系議員や宗教系議員の髪型は不思議と同じ。櫛目クッキリ、ポマードべったり。多分あの髪型は、属している組織に対する忠誠心を表現しているのだろう。思いおこせばあの戦争も、このバブル経済崩壊も「忠誠心」という、響きの美しい言葉のお陰。

　さて、お忙しいのに恐縮ですが、ぜひ人物埴輪の写真集を図書館で借りて眺めて欲しい。男達は思い思いの帽子を被り、三つ編みらしき長髪で、おまけにピアスとネックレス。それに較べると我がサッカー選手達は何んとイジマシく、オトナシイ事か。

　僕は時々ひとりになると「忠誠心、裏を返せば依存心」と呟いている。

（二〇〇三・一）

［右頁］人物埴輪頭部　日本
6～7世紀　高26.4cm

板

知り合いの

同業者が、年代物の英国製ボストンバッグと風呂敷包みを抱えて売り込みにやってきた。入ってくるなり、口上はこうである。「僕達二人が敬愛する○○さん（老業者）が大切にしていた板がある。それをいよいよ手放そうと思う。最初に目に浮かんだのは、あなたです」。イヤハヤ参った参った。この言葉はホメ言葉風に聞こえるけれど、実は殺し文句、勝負は既についている。

ところが彼がうやうやしく風呂敷から取り出したものは……アレレ、イケナイ。ただのトロトロ、ズルズルの真っ黒な板。近頃はこの手の板、つまり分厚くて重い黒モノは人気がない。受け取った板はすぐさま隅に放置して、話をバッグの中身の方へ無理矢理持って行った。

だが、談笑中、チラリと板に目をやると、オヤ、表面に不思議な鋸の目跡が一本。オモシロイ、まるであのフォンタナだ。なに食わぬ顔をして、バッグの中身の話を続け、当て馬の安物一点を買い込んだ。

相手が帰り支度を始めた頃を見計らい、「さて」と、さも気がなさそうに「板は重そうだから、ナンナラ置いてってもいいんだよ」と優しく声をかけてみた。相手はニッコリ笑って「これってフォンタナだよネー」。スカスカ頭を駆使してのせっかくの戦略も、一瞬にして水の泡。敵は全てお見通し。しかたなく相手の言い値で買い取って、今、しみじみと眺めている。

フォンタナはナイフでキャンバスを切り裂くことで、永い歴史を持つ西洋絵画の表現方法を見事にひっくり返し、平面を彫刻的な三次元にまで高めてしまった。あれからすでに数十年、僕達のように物を鑑賞し、使う側からも、もう少し自由で幅の広い、革新的な物の見方が出てきてもよさそうなものだ。稀少性や時代の新旧、作家の名前など、そんな「肩書」ばかりによりかかった安易な評価はもうサヨウナラ。もちろん、それには勇気と覚悟が必要だ。

昔、利休は美に対する信念の為に秀吉から切腹を命じられた。又、柳宗悦は朝鮮工芸品の美に対する信念から戦時中、軍の政策に反対し、特高の監視下に置かれていた。鑑賞世界に於ける大天才二人の、この信念といさぎよさ。僕達はそれを心の奥深く、しっかり留めておかなくてはいけない、と思っている。

（二〇〇三・二）

［左頁］板　日本　19世紀　48×34cm

48

供養塔

古道具屋は、いわば「待ち」の商売。朝からジーッと薄暗い店内に一人で籠っていると、いくら商いといえども飽きがくる。こんな時に遊べるのが、例のしつこい電話の墓地勧誘セールス。若い時分は今より幾分かの寛容さと遊び心を持っていたので、優しくジックリと相手の売り口上を聴いた上で、おもむろに「フム、フム。ところで、その風呂つきの2DK、おいくらなんです?」なんて一撃を加えて楽しんでいたのだが、こちらも老境に入ってくると、とてもそんな余裕はなく、近頃は「ハイハイ。私があのキリスト様でーす」。これは効きます。トタンにガシャーンと切ってくる。

とはいっても、僕は三男でポッと出の田舎者、きたるべき葬式と墓地の問題は、今までのように狸寝入りや、ボチボチ考えるか、などと冗談を言って逃げるだけではすまなくなってきた。常日頃からつれあいにも「どうせナンダカンダと訳が解らない勝手気ままな意向がありそうだから、人様を煩わせないようメモでも残して」と言われている。公私混同は承知の上、この場を借りて決意表明と行こう。

一、葬式も、今ハヤリの「偲ぶ会」も必要ナシ。こちらは好き勝手をやってきたのだし、きれいサッパリ忘れて下さい。

二、火葬場へ赴く時は、できれば国産軽トラックで。難しければ英国女王様御用達のレンジローバーで。決してクラウンやセドリック等の国産高級車にしないように。あれに乗ると僕、車酔いします。

三、墓地はいりません。写真のような、誰のものとも知れない板碑がどこかにあったら、その場で遺灰をチョイとひとふり。残りは辺りに撒いてもらえば結構。きっと良い肥料になります。

さて。これで僕の老後も死後も一安心。

ん、待てよ、一応僕は家内よりも二ヶ月前には亡くなるつもりだけれど、それが逆になると……困る、塗炭の苦しみ、大迷惑、許されない。エーイ、メンドーだ。もしそうなったら意を決して、女房の方は清廉簡単コースの区民葬に一括丸投げ、墓地は都民霊園の順番待ちで行くとしよう。

しかしよーく考えてみると、どうもこちらの方が我々庶民の身のたけに合っていて、おさまりが良さそうに思えてきた。ソーダ、決意表明の後にナニなんですが、僕もこちらで願います。

（二〇〇三・三）

［右頁］板碑形供養塔　江戸時代（17世紀）
石　高56cm

49

パチンコ台

昔から骨董の眼利きと称される人達は、知識で物を見てはイケナイ、美しさは心で感じるもので、頭で理解するものじゃないと説いてきた。で、僕なんかは、自分の無知、怠慢を棚に上げ、これぞ神の御託宣と、必死でその言葉にしがみついてきた。そのためなのかどうか、ひどく美術の理論に強い人に出会うと、一応感心はするのだが、イヤ待てよ、ひょっとしてこの人は、自分の感受性の鈍さを隠すために、理論と饒舌で武装し、相手を煙に巻いているのではないかと、とりあえず眉にツバを付けてみる。理論派の人達にとって、美術が平凡な、何んともないものであっては困るわけで、忍術や妖術みたいに、珍しい仕掛けや、思いもよらないワザが飛びださないと都合が悪いのかも知れない。

ところで、もし美術という言葉が、美楽という言葉に訳されていたらどうだろう。ずいぶんと状況は違っていたことだろう。音楽の世界では、ジャズも演歌も西洋クラシックもキチンと一分野を成し、バラバラながらも上下関係はない。ところが美術は、やれ純粋美術が上等とか、工芸は下とかいうし、古美術ともなると一等賞はお茶道具、二等賞は仏教美術や鑑賞陶器なんてことになっていて、こちらの好きなボロ布や板きれ等はビリッケツ、ピラミッドの一番底。美術が「美楽」になれば、現代美術と呼ばれるものも、お茶道具も、拾ってきたものも、皆バラバラで上下ナシ。そして遠くから眺めると、オヤ、バラバラの方が健全で、全体のバランスも良く見える。上下関係の統一性を求める価値観は、どうしてもその中に、みんなで渡れば怖くないという、弱さと危うさがあるようだ。

僕の尊敬する、日本民藝館の創立者柳宗悦は、小さな自我に溺れることは単なる迷いで、それでは相対的な美しさしか見えない、絶対的な美しさに通じるのは、美醜や善悪などの二元論を超えた時、いや、超えるというより、二元を分かつ以前の「只、そのまま」の世界にある時だと説き、そのためには伝統に身を委ねることだと教えてくれる。しかし、自我という禁断の実をいったん口にした僕達、今に生きる者には、これは難しい。僕にとって美しさを見極めるということは、他人の価値観に頼らず、自分自身を確立して行くこと。自我のドロ沼の中に溺れ、迷い、もがくこと。そのゆらぎを恐れないこと。そして、そのことが、いつか、きっと、何かのかたちで、只、そのままの世界へ僕達を導いて……。

勝手な連載もようやく次で最終回。今日は早く家に帰って、先日買い込んだパチンコ台でゆっくりと遊ぼう。裏のオネーサン、今夜は玉をドーンと出してよ。

（二〇〇三・四）

［左頁］パチンコ台　日本　20世紀　高50.2cm

美術館 as it is

[上]畳敷の小展示室　壁にはブータンの手漉紙を貼り、電灯は著者の手製　中央の板は使いこまれたパン切り用の俎板で、目白のイタリア料理屋で見つけた
[左頁]フランスの鉄柵や教会のベンチ(いずれも17世紀)、やはりフランスの蜂集め籠(20世紀)などを展示した館内　正面奥の扉は16世紀スペインのもの

当初は、十二回も続けば、と思って始めた連載も回を重ねて、はや五十回。まともな文章など書いたこともなかった者が、伝えたい想いさえ持ち続ければどうにかなるだろうと、いつもの軽い調子で楽しんできたが、今回で無事最終回。これは何んといっても、関係するかたがたの御好意あふれる知らんプリと、面識もないかたがたから戴いた暖かい励ましのおかげ。お礼を申し上げたい。

最終回は美術館である。今まで取り上げてきたものは、どちらかといえば価格の安い、その辺りにころがっていそうなものばかり。しかし、今回は違う。何んたってビジュツカンなのである。

美術館というものは、栄華を極めた個人や国家が巨万の財力で買い集めたり、時には武力で強奪したりした世界中の珍奇な品物に、チチンプイプイと文化コショウをふりかけて、うやうやしく展示する一大見世物小屋。その場所でしかめっ面をし、腕を組み、深くうなずいていると、とたんに「考える人」になれるという異空間。男たる者、功成り名を遂げれば、まず欲しくなる究極の宝物。そこで、不肖この私が皆様になりかわってこれをゲットしてみた。それが美術館 **as it is** である。

建築設計は中村好文、ロゴ・デザイン望月通陽、リーフレットの印刷デザイン山口信博、写真撮影は大輪真之と、豪華、最強メンバ

古い枕木を敷いた、東向きで日当りのよい庭

美術館 as it is

住所…………千葉県長生郡長南町岩撫41
電話…………0475(46)2108
開館日………金、土、日、祝日
開館時間……午前10時30分〜午後4時

ー。目標は高く、しかしいつものサガなのか最低の資金でことにあたった。結果、当事者の僕でさえ驚くほど美しい建物ができあがった。

　ところが、いや、やはりというべきか、サッパリ人は来ない。日本国民は健全、良識の人達である。こんな危ないところには近づかない。美術館リーフレットの前書は「山の上の小さな美術館 **as it is** は、アフリカやヨーロッパ、東洋等の国々で日常生活に使われた工芸品を主に展示しています。既成の美術の価値観で選ばれた技術的完成度の高い作品よりも、むしろ日常生活や信仰の為に作られた工芸品に私達と暮らしを共にする優しさや、私達の心を突き動かす美しさがあるように思われてなりません。物は又その置かれている空間や光の具合で違った面を私達に見せてくれます。この小さな空間のなかで、自由な眼と柔らかな心を持って物との対話をして行きたいと思います」と、実にマジメでマトモなのだが。

　ところで「**as it is**」とは、一九五二年に英国で開催された国際工芸家会議で、柳宗悦が仏教美術について講義をした時、その基本思想を伝えるために使った言葉で、禅の用語では〝只〟、ひらたくいえば〝そのまんま〟。それを美術館の名として戴き、目標とした。

　けれども開館してみると、貧相なコレクションをいかに美しく見せようかと頭の方はフル回転、考えれば考えるほど、美しく見せようとすればするほど、美醜や巧拙という二元論の分別意識にとらわれて、どんどん〝そのまんま〟から離れて **as I like** の自己表現へ突き進む。一体どうすれば〝只〟の世界に近づけるのか、やればやるほどわからない。

　小心者の僕にできることは、迷いながらも耳を澄まし、目線を低くして、ソーッと足を一歩踏みだすこと。それは自分の選択のモノサシを、明るい太陽の下で、他人の眼による批評にさらすこと。古いモノサシは外の刺激を受けることで、キリリと引きしまり、又アクセクと働きだす。そして、そのモノサシを使いに使いきった時、目モリはいつかボヤけてしまい、ものの良し悪しを計る役割を超え、すべてをありのままに、優しく受け入れる〝只〟の存在になるのではないか。そう信じて進む以外に、今の僕には道がない。

（二〇〇三・五）

[左上]美術館入口へのアプローチ
[左]入口脇に掛けられた陶板
製作＝望月通陽

本書は『芸術新潮』一九九九年一月号〜二〇〇三年五月号（一九九九年十二月号、二〇〇一年八月号、二〇〇二年八月号は休載）に連載した「ひとりよがりのものさし」に訂正、加筆をしたものです。掲載月号は各回の末尾に記しました。

坂田和實　さかた・かずみ

「古道具坂田」主人。一九四五年福岡県生れ。上智大学卒業後、商社勤務を経て、一九七三年、東京・目白に古道具屋を開く。以来年に数回、海外へ仕入の旅に出かけ、ヨーロッパ、アフリカ、朝鮮、日本、南米など、さまざまな国の品物を扱う。一九九四年、千葉県長生郡長南町に美術館 **as it is**（設計＝中村好文）を開館。

ひとりよがりのものさし

平成十五年十一月二十日　発行
平成二十八年　三　月　二　十　日　八刷

著者　坂《さか》田《た》和《かず》實《み》
発行者　佐藤隆信
発行所　株式会社新潮社
〒一六二－八七一一　東京都新宿区矢来町七十一
電話［編集部］〇三－三二六六－五六一一
　　［読者係］〇三－三二六六－五一一一
http://www.shinchosha.co.jp
印刷所　凸版印刷株式会社
製本所　大口製本印刷株式会社

価格は函に表示してあります。
乱丁・落丁本は、ご面倒ですが小社読者係宛お送り下さい。
送料小社負担にてお取替えいたします。

ISBN978-4-10-464401-8　C0072

すーがた
かずみ